Intégrer ses héritages transgénérationnels

Du même auteur aux éditions Écodition
- ***Sophocle thérapeute****, La guérison d'Œdipe à Colone,* 2013.
- ***L'autre Œdipe****, De Freud à Sophocle,* 2013.
- ***L'intégration transgénérationnelle****, Aliénation et connaissance de soi,* 2014.
- ***La renaissance d'Œdipe****, Perspectives traditionnelles et transgénérationnelles,* 2014.

Ouvrages collectifs
- ***Exemples d'intégration transgénérationnelle***, 2014.
- ***Le transgénérationnel dans la vie des célébrités***, 2015.
- ***Chamanisme, rapport aux ancêtres et intégration transgénérationnelle***, 2016.

En anglais :
- ***Œdipus Reborn***, 2012.

Actualités sur www.thierry-gaillard.com

Couverture : *Rebirth Cycle* avec l'aimable autorisation d'Elizabeth Lyle (www.dreamingheart.com).

Écodition éditions
18, rue De-Candolle, 1205 Genève, Suisse.
ecodition@gmail.com – **www.ecodition.net**
2017, troisième édition augmentée
Première édition 2012, ISBN 978-2-970077-38-1.

ISBN : 978-2-940540-20-4

Thierry Gaillard

Intégrer ses héritages transgénérationnels

et mieux se connaître

ÉCODITION

Sommaire

Avant-propos et remerciements

Cet ouvrage résume l'essentiel de mes recherches et élaborations autour de la thématique transgénérationnelle. Il est destiné autant aux professionnels qu'à toutes personnes désireuses d'en savoir plus.

Le but de ce livre est double : sensibiliser les lecteurs à l'importance d'une discipline en plein essor et en présenter une synthèse novatrice, *l'intégration transgénérationnelle.*

En analysant ce qui est inconscient, l'intégration transgénérationnelle fait automatiquement partie du domaine plus général de la psychologie des profondeurs (qui traite non seulement de l'inconscient, mais des états de conscience modifiés, de la connaissance de soi, et de bien d'autres choses). Cette filiation avec la psychologie des profondeurs permet de synthétiser les multiples approches « transgénérationnelles » qui se sont développées de manière plutôt hétéroclite depuis une trentaine d'années.

Dans le prolongement d'une clarification de l'histoire des aïeux, mon analyse renoue avec les connaissances ancestrales, elles aussi susceptibles d'être intégrées. En réalité, nous le verrons, la thématique transgénérationnelle que nous redécouvrons aujourd'hui était omniprésente dans les sociétés traditionnelles. Le « transgénérationnel » opère comme un chaînon qui nous permet aujourd'hui de marier modernité et tradition, au-delà des cloisonnements culturels.

Revue et augmentée, cette troisième édition est le fruit d'un travail d'équipe dans le cadre d'un cursus de formation. Je remercie en particulier Karine Schaub-Seror et Tamara Boyer pour leur précieuse collaboration. Cette nouvelle édition n'aurait cependant pas été aussi complète sans le concours de mes client(e)s. Je les remercie aussi très sincèrement d'avoir accepté de partager leurs expériences et d'en faire ainsi profiter les lecteurs.

Thierry Gaillard, juin 2017.

« Bien des choses s'éclaireraient si nous connaissions notre généalogie ! »
Gustave Flaubert

1 Introduction

Les histoires non terminées ont cette étonnante tendance à se répéter, comme si le destin insistait et qu'il nous fallait mieux les comprendre. Et lorsque nous avons trouvé leurs sens véritables, ces situations semblent ne plus revenir, comme si nous en étions libérés. Nous pouvons alors tourner la page et, fort de cet apprentissage, aborder l'écriture d'un nouveau chapitre de notre vie. Et cela ne s'observe pas seulement au niveau individuel, mais aussi à l'échelle familiale et collective. Winston Churchill l'exprimait en ces termes : « un peuple qui oublie son passé se condamne à le revivre ».

Ces histoires qui se répètent

Cette répétition de situations conflictuelles et de difficultés de toutes sortes nous invite à mieux comprendre le monde, les autres et nous-même. Avant nous, nos parents, nos ancêtres, furent, eux aussi, confrontés à des questions pas toujours réglées, mais laissées comme suspendues dans le temps, en attente d'être intégrées.

Car en effet, lorsqu'au lieu d'intégrer ces situations qui se répètent, nous les refoulons, ou les oublions, cela ne signifie pas qu'elles sont terminées ou réglées. Si nous-même, ou nos aïeux, n'en avons plus conscience, elles n'en perdurent pas moins de manière inconsciente. Et précisément parce qu'elles sont devenues inconscientes, elles peuvent se transmettre aux prochaines générations.

En réalité il faut comprendre que les histoires non terminées restent présentes, cachées derrière les apparences, même si les générations défilent et que le temps passe. Il s'agit d'une sorte de passé qui n'est pas passé, d'un inconscient toujours présent et qui se manifeste dans toutes sortes de difficultés et de symptômes chez ceux qui en héritent. Pour les anciens Grecs il était tout à fait clair que les familles, liées par les liens du sang, forment une seule et même entité et que leurs derniers représentants héritaient autant des biens accumulés que des histoires non terminées.

En plus des transmissions bénéfiques (patrimoine, talents et connaissances) viennent donc aussi tous ces héritages à priori invisibles, associés à des vécus et à des conflits non intégrés par nos aïeux. Et aujourd'hui, avec les analyses transgénérationnelles, nous redécouvrons à quel point les expériences marquantes (traumas, secrets, drames affectifs, etc.), que nos aïeux n'ont pas pu ou pas su intégrer, laissent des héritages inconscients qui se transmettent aux descendants, d'où le terme de « transgénérationnel » pour les qualifier.

Pour introduire le lecteur au travail d'intégration transgénérationnelle, voici un premier exemple tiré de mon expérience thérapeutique. Soulagée et très excitée, Caroline m'explique que son problème avec les portes fermées est réglé ! Depuis toute petite elle ne supportait pas d'être dans une pièce si la porte était fermée. Chez elle, au travail et même dans des lieux publics (aux toilettes par exemple) elle devait toujours garder les portes ouvertes ! Pour l'aider, nous avions entamé un travail sur son arbre de famille et les histoires de ses parents et grands-parents commençaient à sortir de l'ombre. Et lors d'une visite chez ses parents, sa mère lui a expliqué que lorsqu'elle était petite, sa propre mère (la grand-mère de ma cliente) l'enfermait systématiquement à clef dans des pièces de leur appartement pour la punir. Or ces punitions lui étaient insupportables, vécues comme de véritables traumatismes émotionnels où se mêlaient sentiments de désespoir et d'abandon. Et Caroline m'explique que : « pendant que ma mère me racontait ce qu'elle avait vécu pendant son enfance, non seulement j'avais enfin une compréhension d'où me venaient mes problèmes de portes fermées, mais surtout j'ai ressenti physiquement un changement, comme si quelque chose s'évaporait. Car en effet, sans y prêter attention, le soir même et les autres jours depuis, j'ai refermé les portes de ma chambre et des pièces où je me trouvais comme si de rien n'était ! Je n'ai plus de problèmes avec les portes fermées ! »

Je n'ose pas imaginer le nombre de personne qui, comme Caroline, pourraient bénéficier de ce genre de transmission verbale de leurs parents et grands-parents. Car autrement, forcément, les nouvelles générations se débattent avec des problèmes dont elles ne soupçonnent même pas l'origine transgénérationnelle. Ce n'est qu'après coup que les choses paraissent évidentes.

Certes, Caroline avait déjà travaillé sur ce problème d'angoisse des portes fermées en recourant à diverses thérapies et sans doute était-elle « mûre » pour guérir. Mais seul le travail transgénérationnel et l'attention portée à l'histoire de ses aïeux lui aura permis de découvrir l'origine et la signification de son problème. Découvrir la juste signification des symptômes reste la condition *sine qua non* d'une guérison durable.

Transmissions versus omissions

Comme j'ai pu le constater de nombreuses fois, dès lors que l'on cesse de se braquer contre le passé (ce qui du reste indique la présence d'histoires non terminées qu'il faudrait intégrer), de vouloir s'en couper, de se défendre des histoires « anciennes », mais qu'au contraire l'on commence à y prêter attention, à tendre l'oreille, alors, petit à petit, la parole se libère, comme pour répondre à un besoin naturel de transmettre, de clarifier, et de se libérer. Soudain, des parents se mettent à parler de leurs vies, des souvenirs de l'enfance refont surface, comme si l'on osait enfin mettre des mots sur des choses longtemps restées en travers de la gorge, jamais intégrées.

Même en fin de vie, sentant la nécessité de soulager leur âme, des personnes parlent enfin de leurs secrets, ou cherchent à clarifier des situations anciennes (grâce à des tests ADN pour par exemple écarter un doute de paternité), sans forcément réaliser l'immense cadeau qu'ils font ainsi à leurs descendants.

Malheureusement, notre conditionnement culturel nous incite à préserver les apparences au lieu de valoriser un rapport de transparence à la vérité. Et plutôt que de transmettre à leurs enfants ce qu'il en est véritablement de leurs histoires, par exemple de partager des secrets, les parents préfèrent léguer des biens matériels. Mais s'ils servent à taire des secrets, à se déculpabiliser d'histoires non intégrées, ces héritages ont tôt fait de se transformer en cadeaux empoisonnés. En écoutant mes clients j'ai pu comprendre à quel point d'important héritages matériels pouvaient être aliénants pour ces descendants de familles fortunées, pris dans des conflits inconscients de loyauté et victimes de lourds secrets qui, derrière le glamour, laissent transparaître le revers de la médaille, parfois inimaginable. Assurément, en termes de transmission, rien n'a plus de valeur que l'histoire transmise en conscience et en parole.

Conséquences d'un secret de famille

Voici un autre exemple qui montre l'influence qu'un secret de famille peut avoir sur le destin d'un enfant. Delphine vient me voir pour l'aider à intégrer un secret de famille lourd de conséquences pour elle. Après son divorce et au retour d'un périple à l'étranger, une de ses tantes lui révèle que son père n'est pas le géniteur de sa sœur aînée. Plus tard, son père lui expliquera : « quand ta mère a su qu'elle était enceinte, elle est allée se confesser au curé et puis on s'est marié quand même .... (!) mais la honte et la culpabilité l'ont envahie toute sa vie, quand Arlette [la sœur ainée] est décédée elle s'est écriée immédiatement : "c'est le bon dieu qui m'a punie !" »

La découverte du secret de sa mère fut un choc pour Delphine. En effet, avec cette information, elle s'explique enfin pourquoi sa mère l'avait obligée à se marier avec l'homme qui venait de la mettre enceinte alors qu'elle n'en avait aucune envie, qu'elle était trop jeune. La culpabilité de sa mère avait forcé la décision. « En en me mariant j'ai rejoué le secret non mis à jour de mes parents : je n'ai pas pu dire : "je ne veux pas me marier, c'est injuste, c'est monstrueux" ; en me mariant je rendais visible l'histoire non terminée de ma mère, je vivais le secret à mes dépens. Je me suis toujours dit que je vivais ma vie à l'envers, que les cartes avaient été brouillées ; le jour de mon mariage j'avais l'impression que tout le monde était présent sauf moi .... il me reste à faire la paix avec çà ... »

En remontant sur plusieurs générations, notre travail d'analyse transgénérationnelle lui permet de reconstituer la nature des liens entre les membres de sa famille, le contexte de l'époque aussi. Delphine fait encore d'autres découvertes qui élargissent ses perspectives. Cette vision plus globale lui permet de prendre du recul, de donner du sens à différents épisodes de sa vie jusqu'ici restés non intégrés. Pour restaurer la parole, la transparence, j'explique à Delphine qu'elle-même n'a pas à rester dans le non-dit, qu'elle peut essayer d'en parler, c'est-à-dire de faire entendre son point de vue. En visite chez sa mère, Delphine, courageuse, tente une « parole vraie ». Voici ce qu'elle m'écrira : « ça a vraiment été très difficile pour moi : elle est âgée, elle ne va pas bien, elle perd la mémoire ; mais elle m'a écoutée, elle m'a dit : "je ne savais pas ton histoire, je ne savais pas tout ça" ; je crois qu'elle était sincère. Dix jours plus tard, elle m'a rappelée et m'a demandé pardon pour les souffrances que leur silence avait généré. Cette journée-là a été remplie de soleil. Je lui ai dit que son geste allait me guérir moi et sans doute aussi les autres membres de la famille. Elle m'a dit : "oui moi aussi je veux guérir"».

Bien entendu, ce n'est pas en quelques mois que l'on réécrit quarante années de sa vie. Mais Delphine peut compter sur le soutien de son compagnon, sur le dégel des esprits dans sa famille, et même sur l'intérêt des enfants et petit-enfants de sa sœur ainée qui apprécient son effort de clarification. Comme elle s'y est attelée dans son travail d'analyse transgénérationnelle, mettre des mots sur les non-dits, les secrets et les malentendus est une première étape cruciale pour intégrer l'histoire non terminée, viser un apaisement et préserver les nouvelles générations.

Porter l'histoire de sa mère

L'exemple qui suit illustre la transmission d'une histoire non terminée entre trois générations de femmes. Une mère de famille[1] était venue en consultation pour comprendre pourquoi elle se retrouvait toujours à vivre des histoires similaires à celles de sa grand-mère. Depuis son enfance, combien de fois Micheline n'avait-elle pas été comparée à sa grand-mère. Les parallèles entre sa propre vie et celle de sa grand-mère étaient nombreux et cela ne lui avait pas échappé, ni à son entourage. En particulier, après avoir toutes deux soudainement perdu leurs maris, elles s'étaient retrouvées dans la position d'être les « secondes femmes » d'hommes fortunés qui n'arrivaient pas à quitter leurs épouses, elles-mêmes dépressives et sous médicaments. Mais lorsqu'elle dut subir des examens pour dépister un possible cancer du pancréas, elle eut si peur de subir le même sort que sa grand-mère, morte d'un cancer du pancréas à cinquante-quatre ans, qu'elle se décida à consulter pour changer le cours d'un destin qu'elle ne maîtrisait plus. Ce qui jusqu'ici l'étonnait, voire l'amusait, devenait soudainement une source d'inquiétude.

Son analyse transgénérationnelle lui permit de mieux comprendre de quelles manières les histoires non terminées, d'abandon notamment, entre sa mère et sa grand-mère s'étaient rejouées entre elle et sa mère. En y réfléchissant, Micheline avait senti déjà très jeune qu'elle devait aider sa mère, que c'était là son rôle. Elle avait endossé cette mission de réparer la relation de sa

---

[1] L'analyse complète est présentée dans mon article « Je suis la mère de ma mère », paru dans *Exemples d'intégration transgénérationnelle*, ouvrage collectif, (2014) Ecodition éditions, Genève.

mère avec sa propre mère sans réaliser à quel point elle s'était alors elle-même mise de côté.

Puis, un jour, Micheline me raconte un lapsus de sa mère qui l'avait frappée. Elle me répète les termes employés par sa mère lorsque récemment, en présence de son père, ils furent présentés à des connaissances : « et voici ma fille et son mari » ... Pour comprendre ce lapsus, il faut savoir que pour sa mère, son mari assumait le rôle de son propre père jadis déporté en Sibérie - un important épisode traumatisant que nous avions précédemment clarifié. Le lapsus de sa mère confirmait que la personne à laquelle sa mère s'adressait, ce n'était pas vraiment elle, mais sa grand-mère. En effet, si son mari représentait son père, sa fille pour sa part venait représenter sa mère. Cette prise de conscience fut libératrice, lui fournissant la clef pour comprendre comment elle s'était retrouvée dans la « peau » de sa grand-mère aux yeux de sa mère.

Pour expliquer ce genre de situation, la littérature spécialisée parle d'un processus de « parentalisation ». Et à force d'être pris dans les transferts de ses parents, l'enfant s'y conforme et se retrouve à vivre les histoires non terminées de ses ancêtres, subissant inconsciemment une programmation de son destin.

En clarifiant le passé de sa grand-mère et la relation conflictuelle qu'elle avait eu avec sa fille, ma cliente pu progressivement s'extirper de la position qui fut la sienne pendant toutes ces années. Ces prises de consciences lui permirent de se retrouver elle-même, c'est-à-dire comme une personne plus indépendante de ce qui n'a pas joué entre sa mère et sa grand-mère, dont elle avait hérité la charge. Elle put ainsi se différencier de sa grand-mère et mieux comprendre le sens de nombreux épisodes troublants qui avaient marqués sa vie. En effet, devenir soi-même permet d'éclairer certaines zones d'ombre de son histoire et de les « réécrire ». Elles peuvent alors rejoindre le grand livre de l'Histoire et ne plus s'imposer dans le quotidien.

Autres exemples

Dans un article paru dans *Exemples d'intégration transgénérationnelle*, Salomon Sellam raconte une situation particulièrement saisissante ; celle d'une petite fille âgée de six ans, présentant des symptômes de bronchites asthmatiformes. Venu en consultation pour tenter de trouver une solution pour sa fille, le père se mit à parler des circonstances de la disparition prématurée de son père alors qu'il n'avait que sept ans. Tremblant d'émotions, suant, le père d'Aurélie explique au médecin, et en présence de sa fille, le suicide au gaz de son propre père. Au vu de l'émotion suscitée et de la difficulté d'en parler, il est clair qu'il n'avait pas encore fait le deuil de son père. Pour Salomon Sellam[2] : « Sans surprise, tout ce matériel non-dit et non intégré débouche sur une manifestation psychosomatique chez l'enfant : celui-ci n'est que l'héritier involontaire de toute une histoire familiale

[2] Salomon Sellam (2014), « Le transgénérationnel dans les maladies pulmonaires », dans *Exemple d'intégration transgénérationnelle*, ouvrage collectif, Editions Ecodition, Genève.

problématique et sa pathologie en est le reflet inconscient. De mettre à plat toute cette dynamique, sans tabou et avec le plus de vérité possible, représente le premier pas vers une réconciliation familiale dans le but de décharger les diverses émotions négatives à l'origine de leur transformation en signes cliniques pathologiques. En d'autres termes, Aurélie n'a plus besoin de signifier à ses parents qu'avec l'asthme, elle endosserait inconsciemment leurs problématiques. La suite fut assez simple : efficacité accrue des traitements antiasthmatiques et, au bout de six mois environ, arrêt progressif des médicaments. » Cet exemple montre comment l'histoire non terminée entre le père d'Aurélie et son propre père se poursuivait avec les symptômes pulmonaires de la fillette, évoquant l'asphyxie au gaz de l'aïeul.

Hériter des deuils non faits

Ce nouvel exemple d'analyse transgénérationnelle nous emmènera un peu plus loin dans l'analyse des héritages inconscients. Marc Wolynn présente le cas de Gretchen, une femme qui souffre de dépression et d'anxiété malgré des années de médicalisation avec des antidépresseurs et de multiples thérapies de groupe. « Elle m'a dit qu'elle ne voulait plus vivre. Aussi longtemps qu'elle se souvienne, elle avait lutté avec des émotions si intenses qu'elle pouvait à peine en contenir les poussées de son corps. Gretchen avait été admise à plusieurs reprises dans un hôpital psychiatrique où elle avait été diagnostiquée bipolaire avec un trouble d'anxiété sévère.

Les médicaments ne l'ont pas guérie des pulsions suicidaires qui l'habitaient. Adolescente déjà elle se mutilait avec des cigarettes et maintenant, à trente-neuf ans, Gretchen en avait assez. Sa dépression et l'anxiété, disait-elle, l'avaient empêchée de se marier et d'avoir des enfants. Et finalement, elle m'annonce avoir l'intention de se suicider. »[3]

Marc Wolynn veut en savoir plus et lui demande de quelle manière elle a prévu de se tuer. Gretchen dit qu'elle va s'évaporer. Son plan était de sauter dans une cuve d'acier en fusion à l'usine où son frère travaille : « Mon corps sera inciné en quelques secondes, avant même qu'il n'atteigne le fond. » Certains mots déjà entendus chez des descendants de victimes de l'Holocauste amènent le thérapeute à lui demander si quelqu'un dans sa famille était juif ou avait été impliqué dans l'Holocauste. Après une hésitation, Gretchen se rappelle alors de l'histoire de sa grand-mère. Cette dernière était née dans une famille juive en Pologne, mais elle s'était convertie au catholicisme en venant aux États-Unis et en épousant le grand-père de Gretchen en 1946. Deux ans plus tôt, toute sa famille avait péri dans les fours d'Auschwitz ! Ils avaient littéralement été gazés, engloutis, dans des vapeurs toxiques, puis incinérés. Mais dans la famille cette histoire n'avait été qu'une trace anecdotique, banalisée, et personne n'avait jamais parlé, ni de la guerre, ni du sort des frères, sœurs et parents de cette grand-mère.

---

[3] Marc Wolynn (2016*), It didn't start with you*, Viking, New York.

Pour Marc Wolynn il devenait clair que les symptômes de Gretchen trouvaient leur signification avec l'histoire de sa grand-mère qui n'avait de toute évidence pas pu intégrer le sort tragique de sa famille ni faire tous les deuils que cela supposait. « Comme je lui explique ce rapport, Gretchen écarquille les yeux et une couleur rose apparut sur ses joues. Je vis que mes paroles entraient en résonance. Pour la première fois, Gretchen trouvait une explication qui donnait du sens à sa souffrance. »

Pour amorcer un travail d'intégration, le thérapeute invite ensuite Gretchen à imaginer les sentiments qui pouvaient habiter sa grand-mère. Un exercice qui la renvoie à des sensations écrasantes de perte, de douleur, de solitude et d'isolement, ainsi qu'à une profonde culpabilité, que beaucoup de survivants ressentent du fait d'être restés en vie alors que leurs proches furent exterminés. « Lorsque Gretchen a pu accéder à ces sensations, elle se rendit compte que sa volonté de s'anéantir était profondément liée à l'histoire des membres disparus de sa famille. Elle s'est également rendu compte qu'elle avait hérité des pulsions suicidaires de sa grand-mère. Absorbée dans cette nouvelle compréhension de l'histoire de sa famille, son corps a commencé à s'adoucir, comme si quelque chose en elle qui avait longtemps été noué pouvait maintenant se défaire. » Un processus d'intégration peut alors commencer, qui permettra de donner du sens aux symptômes et de les intégrer.

Claude Nachin[4] présente une autre situation qui montre de quelle manière des vécus non intégrés par des aïeux peuvent affecter des descendants. Une femme est venue le consulter à cause d'une phobie du froid doublée d'une certaine frigidité. Un jour, contrairement à son discours habituel, la voilà qui fait part d'idées suicidaires et mentionne que sa tante est à nouveau déprimée. En approfondissant cette piste, il apparait que ni la mère de la jeune femme, ni ses tantes, n'ont fait le deuil de leur père, hydrocuté[5] lors d'un voyage avec sa maîtresse, bien avant la naissance de la patiente. Ses symptômes prenaient alors une nouvelle signification : celle des manifestations inconscientes d'un deuil non fait par sa mère et ses tantes et dont elle aura hérité la charge. En effet, à travers certains de ses symptômes (précautions contre le froid et inhibition sexuelle) elle exprimait le contexte du décès de son grand-père. Au vu des circonstances, un non-dit s'était installé, qui empêchait le travail du deuil de se faire pleinement. Or les symptômes de cette femme « parlaient de ça », de ce qui n'avait pas été intégré. Une fois la signification transgénérationnelle de ses symptômes mise à jour, cette femme a enfin pu commencer à intégrer ce qui l'aliénait.

Ces exemples montrent qu'une association entre les symptômes et les histoires non terminées de nos ancêtres est déterminante pour guérir. Parce qu'ils se sont transmis de manière inconsciente, d'anciens conflits

---

[4] Claude Nachin (2001), Unité duelle, crypte et fantômes, dans *La psychanalyse avec Nicolas Abraham et Maria Torok,* Éres, Paris.
[5] Syncope provoquée par immersion dans une eau glacée.

non intégrés par nos ancêtres perdurent et se manifestent chez les héritiers à travers leurs symptômes. Cette mise en relation avec une signification plus profonde facilite le travail d'intégration. Ce genre d'association caractérise toutes les approches dites « transgénérationnelles ».

Du lien entre les générations

Il faut toutefois bien comprendre que ce qui affecte les descendants, ce n'est pas le passé, mais le matériel inconscient resté présent. Celui-ci est en attente d'être élaboré, c'est-à-dire de découvrir sa signification cachée. En thérapie, il s'agit donc de décrypter ces héritages transgénérationnels inconscients. Un travail qui nous renvoie à la présence d'histoires non terminées chez nos ancêtres qui réclament d'être intégrés.

Le travail d'intégration transgénérationnel peut aussi se voir sous un autre angle : l'héritier n'est pas seulement « victime », il est aussi celui par qui une famille, une collectivité, peut se guérir des histoires non terminées de leurs ancêtres. À ce propos, Pierre Ramaut explique que « les Anciens chinois considéraient en effet qu'un « mandat transgénérationnel », découlant de la filiation aux ancêtres, pouvait être donné par le « Ciel », à l'un des ultimes descendants de la lignée. Ce dernier est « mandaté » pour reprendre à son compte l'inachevé (ou les inachevés) de l'arbre généalogique et pour intégrer, à travers son parcours de vie, l'impensé généalogique familial. »[6]

La dimension intemporelle de l'inconscient n'avait pas échappé aux pionniers de la psychologie des profondeurs. Ils avaient déjà expliqué pourquoi et comment les difficultés non intégrées perdurent dans le temps. Freud en particulier avait observé la tendance à répéter les mêmes problèmes, nommée « compulsion de répétition », comme s'il s'agissait d'une tentative de se remémorer un souvenir devenu inconscient. Et à la fin de sa vie, il avait mis le doigt sur ce que nous appelons aujourd'hui l'inconscient transgénérationnel : « l'hérédité archaïque de l'homme ne comporte pas que des prédispositions, mais aussi des contenus idéatifs, des traces mnésiques, qu'ont laissées les expériences faites par les générations antérieures. »[7] S'agissant de son dernier ouvrage, testamentaire, Freud indiquait une piste fertile à l'attention de ses lecteurs. Ironie du sort, sans doute trop occupés à combattre la notion d'inconscient collectif de Jung, par trop de fidélité aux dogmes freudiens, ses disciples n'ont pas compris l'importance et l'intérêt des dernières indications de leur maître.

De son côté, Jung avait analysé sa généalogie et mesuré l'importance du transgénérationnel. « Tandis que je travaillais à mon arbre généalogique, j'ai compris

---

[6] Pierre Ramaut (2016), « La psychanalyse transgénérationnelle et le chamanisme pour guérir des fantômes », dans *Chamanisme, rapport aux ancêtres et intégration transgénérationnelle*, ouvrage collectif, Ecodition, Genève.
[7] Sigmund Freud (1939), *Moïse et le monothéisme*, Gallimard,Paris.

l'étrange communauté de destin qui me rattache à mes ancêtres. J'ai très fortement le sentiment d'être sous l'influence de choses et de problèmes qui furent laissés incomplets et sans réponse par mes parents, mes grands-parents et mes autres ancêtres. J'ai toujours pensé que, moi aussi, j'avais à répondre à des questions que le destin avait déjà posées à mes ancêtres, mais auxquelles on n'avait encore trouvé aucune réponse, ou bien que je devais terminer ou simplement poursuivre des problèmes que les époques antérieures laissèrent en suspens. » [8]

Bien qu'il ait lui-même effectué un important travail d'intégration transgénérationnelle, étonnamment, Jung n'a pas théorisé cet aspect autant qu'il aurait pu le faire. Mais l'ensemble de ses idées va dans le sens des analyses transgénérationnelles contemporaines, par exemple lorsqu'il explique que ce qui n'émerge pas à la conscience revient sous la forme du destin.

Chacun à sa manière, Freud, Jung et d'autres pionniers[9] de la psychologie des profondeurs[10] ont défriché les voies d'accès aux secrets de la psyché. Pour analyser l'inconscient transgénérationnel, ces pionniers nous ont laissé les meilleurs des outils : l'analyse des transferts et l'écoute de la symbolique inconsciente. Si la psychologie

---

[8] Carl Jung (1966), *Ma vie, souvenirs, rêves et pensées*, Gallimard, Paris. (p.283).

[9] Freud, Ferenczi, Jung, Adler, Abraham, Groddeck, Frankl, Perls, Reich, Binswanger, Bleuler, etc.

[10] Au début du 20ème siècle, la psychologie des profondeurs portait sur l'ensemble de la psyché (dont l'inconscient) avant d'être politisée et réduite en de nombreuses écoles cloisonnées, les freudiens se réservant le terme de psychanalyste.

des profondeurs avait découvert ce rapport entre les vécus refoulés, ou déniés, et les contenus inconscients, elle n'était pas allée au-delà de l'analyse de l'inconscient lié à la petite enfance. Depuis, la prise en compte du vécu intra-utérin permit de mieux comprendre ce qui pouvait se nouer dans les liens de la filiation. Et aujourd'hui nous savons que notre inconscient est également constitué des héritages transgénérationnels laissés par nos ancêtres. Le fameux « retour du refoulé », tant étudié en psychanalyse, c'est-à-dire le réveil de ce qui est inconscient sous forme de symptômes, concerne donc aussi ces héritages transgénérationnels.

La découverte de ces parts inconscientes et symboliques qui nous habitent est facilitée par l'analyse transgénérationnelle. L'arbre de famille est en effet une riche source d'informations en liens avec ce que des descendants éprouvent dans leurs vies. De ce point de vue, l'intégration transgénérationnelle vient appuyer et compléter les méthodes plus classiques d'analyse de l'inconscient que sont l'interprétation des rêves, fantasmes et symptômes.

Les analyses transgénérationnelles sont aussi une manière simple et efficace de commencer un travail d'introspection, pour trouver des solutions en soi-même, et arrêter de projeter sans arrêt ses conflits inconscients sur le monde extérieur. Car en effet, nous le verrons dans un prochain chapitre, les manques d'intégration sont à l'origine de nos projections. En retournant à la source de ce qui nous habite inconsciemment, le « transgénérationnel » vient à point nommé pour approfondir les significations de nos difficultés. Il offre une alternative aux approches thérapeutiques « explicatives », et pour pallier aux dérives d'une médecine se référant au DSM[11].

Premières analyses transgénérationnelles

Bénéficiant d'une double formation, phénoménologique[12] et psychanalytique, Nicholas Abraham et Maria Torok furent les premiers à marcher sur cette terre oubliée, pourtant fertile, du « transgénérationnel ». Depuis leurs travaux[13] pionniers en 1978, les témoignages thérapeutiques n'ont cessé de s'accumuler[14]. Pourtant, aussi étonnant que cela puisse aujourd'hui paraître, le « transgénérationnel » est longtemps resté incompris d'une majorité de psychanalystes. D'autres thérapeutes et psychothérapeutes n'ont pas attendu que les psychanalystes se réveillent pour s'engager dans cette mine d'or. Par exemple, après avoir fréquenté le séminaire de Nicolas Abraham, Anne Ancelin Schützenberger a développé une version plus pragmatique d'analyse de l'arbre

---

[11] DSM, ouvrage de référence pour les médecins, déterminant les critères de ce qui devrait être médicalisé ou pas.

[12] Branche de la philosophie qui donne à la question de l'être et de la présence (Dasein), la place centrale.

[13] Abraham et Torok (1978), *L'écorce et le noyau*, Flamarion, Paris.

[14] Serge Tisseron (sous la direction de) (1995), *Le psychisme à l'épreuve des générations : clinique du fantôme*, Dunod, Paris ; Rand N, (2001). *Quelle psychanalyse pour demain ? Voies ouvertes par Nicolas Abraham et Maria Torok*, Erès, Ramonville Sainte Anne ; Rouchy JC. (Dir.) (2001), *La psychanalyse avec Nicolas Abraham et Maria Torok*, Erès, Ramonville Sainte Anne.

généalogique par le biais de ce qu'elle nomme le génosociogramme (arbre généalogique augmenté d'informations psycho-affectives).

Simultanément et indépendamment les uns des autres, d'autres thérapeutes ont aussi décrypté les liens aux ancêtres : Bert Hellinger avec les *constellations familiales*, Ivan Boszormenyi-Nagy avec le concept de *loyauté familiale*, et Serge Lebovici avec les *mandats transgénérationnels*, René Kaes à Lyon, André Eiguer, *La part des ancêtres*, pour mentionner les plus connus.

Malgré ces importants développements dans les pratiques thérapeutiques privées, l'analyse de l'inconscient suscite toujours beaucoup résistances dans les milieux académiques, rationalistes par essence. Ces résistances se sont même renforcées sous la pression du modèle positiviste[15] médical creusant un fossé toujours plus profond entre les besoins psychologiques de donner un sens à nos expériences et la politique unilatérale d'une médicalisation tout azimut du psychisme.

Mais les faits sont têtus. Toujours plus nombreux, les exemples thérapeutiques sont assurément les meilleurs des ambassadeurs pour faire prendre conscience de l'importance des héritages transgénérationnels inconscients. Des thérapeutes provenant de différentes écoles intègrent dorénavant la dimension transgénérationnelle dans leurs pratiques.

---

[15] Voir « Le positivisme » dans le glossaire.

Preuves épigénétiques du transgénérationnel

Aujourd'hui, plus de trente ans après les premières analyses transgénérationnelles, ce sont des chercheurs en épigénétique qui montrent, chiffres à l'appui, comment ces héritages influencent notre ADN. Par exemple, ils ont mis en évidence une vulnérabilité au stress accrue pour les descendants des survivants de l'holocauste[16]. Des biologistes mesurent l'importance et la complexité de ce qui se perpétue à travers les liens du sang et par l'ADN. Leurs recherches[17] montrent les conséquences transgénérationnelles lorsque des ancêtres ont été victimes de traumatismes ou de conditions de vies extrêmes. Par exemple, les descendants des hommes nés alors que leurs parents souffraient de la famine en Hollande, entre 1943 et 1944, sont significativement plus obèses[18]. D'autres recherches biologiques et en épigénétique ont montrés que des blessures psychiques, des peurs[19], aussi pouvaient laisser des traces sur plusieurs générations.

Ces découvertes en épigénétique libèrent d'importants moyens financiers. Cependant si les facteurs psy-

[16] Yehuda, R, Schmeidler, & al. T. *Vulnerability to posttraumatic stress disorder in adult offspring of Holocaust survivors*. Am J Psychiatry. 1998 ; 155 : 1163–1171.
[17] Marine Courniou, « Nos états d'âmes modifient notre ADN », Sciences et Vie, 1110 (03/2010), Paris.
[18] Veenendaal M, & al. *Transgenerational effects of prenatal exposure to the 1944–45 Dutch famine*. BJOG 2013 ; 120 :548–554.
[19] Katharina Gapp & al. *Implication of sperm RNAs in transgenerational inheritance of the effects of early trauma in mice*, Nature Neuroscience 17, 667–669 (2014).

chologiques sont négligés, les applications thérapeutiques seront forcément limitées. Car en effet, les traces que laissent sur l'ADN les événements marquants ne proviennent pas des situations elles-mêmes, mais du manque d'intégration psychologique de ces mêmes événements. Tout le monde ne réagit pas de la même manière aux mêmes circonstances. En définitive, la guérison dépendra surtout de la restauration d'une intégration psychologique des événements concernés, avec le bénéfice de pouvoir ainsi renouer avec ses racines et de mieux se connaître. Au contraire, l'homme risque de perdre ce rapport aux origines et d'oublier cette part de soi essentielle, (le sujet en soi) s'il n'est plus que le produit d'une sélection ou neutralisation partielle du patrimoine génétique.

Non-dits, impensés, passage à l'acte

De manière générale, le travail d'intégration est une symbolisation de l'impensé dans un arbre de famille. Des élaborations psychologiques, des recherches de vérités, rationnelles et irrationnelles, vont progressivement contrebalancer ces histoires non terminées, ou non intégrées, de nos aïeux. À défaut, ces manques d'intégration, à l'instar d'une duplication d'ADN, vont perdurer et se répéter.

Pour analyser cette transmission, Serge Tisseron[20] a proposé une modélisation sur trois générations : ce qui

---

[20] Serge Tisseron (sous la direction de) (1995), *Le psychisme à l'épreuve des générations : clinique du fantôme*, Dunod, Paris.

n'est pas intégré à la première génération devient proprement impensable pour la suivante (privée d'une transmission verbale) et peut provoquer des passages à l'acte et d'autres conduites symptomatiques à la troisième génération. Une perspective qui s'accorde avec l'idée de Françoise Dolto selon laquelle il faut trois générations pour produire une psychose. Autrement dit, un non-dit ou un secret à la première génération peut entraîner des complexes névrotiques à la seconde et des complexes psychotiques ou des passages à l'acte, à la troisième. En éclairant les origines inconscientes des guerres, des vendettas à la sicilienne, des interminables oppositions entre clans, une analyse transgénérationnelle révélerait bien souvent la présence d'histoires non terminées qui se perpétuent. Shakespeare l'illustre dans sa fameuse pièce *Roméo et Juliette*, les Capulet et les Montaigu programmant un destin tragique à leurs enfants en perpétuant un conflit qui les opposent depuis des générations.

Mieux connaître son soi véritable

Nos connaissances actuelles montrent que ces héritages inconscients ont de multiples conséquences. La difficulté à être soi-même est ici la règle. Tant que nous sommes habités par ces forces inconscientes, ces dernières opèrent malgré nous et nous font perdre notre authenticité. Étymologiquement parlant, le mot qui le mieux désigne ce genre d'influence est celui d'aliénation[21]. Il dérive du latin *alienure*, « rendre autre » ou

---

[21] Voir la définition complète de l'aliénation dans le glossaire.

« rendre étranger » à soi-même. Il désigne un « état où l'être humain est comme détaché de lui-même » et, dans un sens plus général, la « perte par l'être humain de son authenticité ».

« Je suis un autre » disait Rimbaud, pour signifier que l'on peut être aliéné par un autre que soi, par une histoire non terminée en lien avec notre famille, notre culture. Et c'est peu dire que nous ne sommes pas authentiquement nous-mêmes la plupart du temps, mais conditionné par notre « éducation » et adapté à notre entourage. Une idée partagée par Freud qui expliquait cette présence en chacun d'une part inconsciente : « Le Moi n'est pas le maître dans sa propre maison ».

Face à l'inconscient, la psychologie des profondeurs sert un désir naturel d'advenir sujet, moteur au travail d'intégration de nos aliénations. Et lorsque nous n'avons pas conscience de ce profond désir, il se manifeste tout de même, superficiellement, dans le désir de vouloir guérir de nos symptômes. La connaissance de soi prônée par certains anciens Grecs portait assurément sur la connaissance de cette part authentique en soi qui résiste aux aliénations. Et comme nous le verrons plus loin, ce désir d'advenir sujet, d'être soi-même, joue un grand rôle dans le travail d'intégration de nos aliénations.

Dès lors qu'ils ont été transmis de manière inconsciente, nous n'avons généralement pas conscience des héritages qui nous aliènent. Le but des analyses transgénérationnelles est précisément de nous en faire prendre conscience. Plus nous devenons conscients de ces héritages qui nous habitent, plus nous modifions notre manière d'y réagir. Et comme nous en verrons des exemples, il devient alors possible de transformer symptômes et autres difficultés existentielles. Un tel travail permet de différencier ce qui nous aliène de qui nous sommes authentiquement. Un processus de devenir soi-même, ou d'advenir sujet, peut alors se mettre en place.

Renouer avec ses racines

Aujourd'hui nous comprenons mieux ces héritages qui constituent le fond inconscient de bon nombre de nos difficultés. Lorsqu'ils sont mis à jour, lorsque des tabous et des secrets sont dépassés, les expériences non intégrées de nos aïeux éclairent de manières significatives et thérapeutiques nos propres vécus.

Ce n'est certes pas un hasard si le « transgénérationnel » prend de l'ampleur aujourd'hui. La mode des tests ADN qui renseignent sur nos lointains ancêtres et sur nos filiations n'est pas anodine. Elle révèle un intérêt naturel de mieux savoir d'où l'on vient.

La perspective transgénérationnelle nous rappelle aussi à quel point nos rapports au monde et nos modes de vie sont conditionnés par des standards familiaux et culturels. Une sur-adaptation à l'environnement social peut en effet nous faire perdre de vue qui nous sommes véritablement. Dans ce contexte, la redécouverte du transgénérationnel inconscient arrive à point nommé pour répondre aux demandes thérapeutiques d'aujourd'hui. Elle permet de revenir à soi-même, à ses racines, de mieux savoir d'où l'on vient pour savoir où l'on est et où l'on va.

Buts de cet ouvrage

Ce livre sur l'intégration transgénérationnelle devrait permettre à un large public de prendre conscience de ce qui se transmet entre les générations. Nous verrons pourquoi et comment les membres d'une même lignée partagent et répètent des situations similaires, comme si l'histoire ne s'était pas écrite au passé, mais qu'elle continuait à se perpétuer dans le présent. Ces héritages entre les générations ne sont pas une fatalité, mais ils réclament un travail d'intégration qui s'appuie sur la connaissance des processus de transmission.

Dans le prochain chapitre, je présenterais un historique sur la conscience du transgénérationnel dans les premières collectivités et dans l'Antiquité. À l'époque, l'héritage des histoires non terminées était connu comme une « maladie des ancêtres », laquelle se traitait de multiples manières selon les traditions locales. Ensuite, le troisième chapitre sera consacré à l'analyse transgénérationnelle et à des exemples thérapeutiques.

Ces références nous permettront d'aborder le travail d'intégration transgénérationnelle à proprement parler. Les lecteurs pourront alors découvrir les tenants et les aboutissants du travail de clarification de l'arbre de famille. Ils y trouveront, je l'espère, des éléments susceptibles de donner du sens à leurs propres vécus.

2
Une ancienne science

Le respect des liens entre les générations remonte loin dans l'histoire. En effet, comme l'expliquent les co-auteurs du livre *Chamanisme, rapport aux ancêtres et intégration transgénérationnelle*[22], les sociétés traditionnelles géraient les héritages transgénérationnels de multiples manières. Le culte des ancêtres, par exemple, était une manière d'entretenir la mémoire et la transparence des histoires de familles afin d'empêcher la transmission d'héritages inconscients, c'est-à-dire pour prévenir les aliénations transgénérationnelles qu'ils nommaient « maladie des ancêtres ». Ce soin porté aux aïeux témoignait d'une conscience élargie sur la nécessité de vivre en harmonie avec le monde, l'ensemble du vivant, et les origines.

[22] Voir : *Chamanisme, rapport aux ancêtres et intégration transgénérationnelle*, Th. Gaillard, C. Michael Smith, Olivier Douville, Pierre Ramaut, Elisabeth Horowitz, Iona Miller, Myron Eshowsky, 2016, Ecodition Editions.

Aux sources du transgénérationnel

Le culte des ancêtres se pratiquait bien avant les religions. Très répandu en Asie, en Afrique, même en Europe, il s'inscrivait dans un désir d'harmonie globale, avec les morts et les vivants, le monde visible et invisible.

Par exemple, dans les régions d'Asie (Chine, Corée, Japon et Vietnam) le culte des ancêtres était très important. Il a été incorporé dans le bouddhisme et répondait à certaines règles. Pouvoir se relier à ses ancêtres était autant un ressourcement personnel qu'un précieux privilège. En Chine, seul le roi pouvait célébrer ses ancêtres jusqu'à la 7e génération. Les princes ne pouvaient aller au-delà de la 5e, les grands officiers la 3e, et les gens ordinaires n'avaient qu'un seul ancêtre. Quant à l'Empereur, se faisant appeler Fils du Ciel, il se devait d'honorer le Ciel et la Terre, ses « parents » au sens mythologique et symbolique du terme. Au Vietnam, le culte des ancêtres avait aussi une signification pratique de transmission. Les plus jeunes apprennent de leurs ancêtres les principes moraux, l'amour pour le travail, le courage de surmonter les difficultés afin de bien élever à leur tour leurs descendants. Au Japon, un autel était installé à l'endroit le plus solennel de presque chaque maison. À l'intérieur on mettait des tablettes sur lesquelles étaient inscrits les noms des ancêtres. On se les remémorait et les vénérait à travers différents rituels, l'offrande d'encens, de sucreries et du thé, en psalmodiant des soutras. Des cérémonies d'anniversaire qui sont aujourd'hui encore pratiquées.

En cultivant ce rapport aux ancêtres, chacun pouvait retrouver et entrer en contact avec ses propres racines. Comme le travail d'intégration transgénérationnel nous l'enseigne, ce qui compte est d'être actif vis-à-vis de ses liens transgénérationnels au lieu de les subir passivement. Voilà pourquoi Goethe disait « ce que tu as hérité de tes aïeux, acquiert le pour le posséder », autrement dit : pour ne pas être possédé par cet héritage inconscient, intègre-le ! Et c'est dans cette même perspective qu'il faut comprendre le sociologue et psychothérapeute Vincent De Gauléjac lorsqu'il explique que « l'individu est le produit d'une histoire dont il cherche à devenir le sujet. »

Dans une perspective de développement personnel traditionnel, « donner vie à ses ancêtres en soi devient alors une pratique pour soi-même. Une pratique qui, particulièrement dans le chamanisme, s'étend aux animaux, aux végétaux, aux minéraux, toujours dans le but de vivre en harmonie avec la toute la création. [...] Des initiations, des rituels, accompagnent ce travail d'intégration, garant d'une vie heureuse et prospère que toutes les traditions ont toujours eu à cœur de protéger. »[23]

Ne pas se couper de ses racines !

Pour ces traditions, il s'agit donc avant tout de prendre soin de ce rapport intemporel aux sources et à la vie

---

[23] Thierry Gaillard (2016), *Chamanisme, rapport aux ancêtres et intégration transgénérationnelle*, ouvrage collectif, Ecodition, Genève.

elle-même. Et ceci non pas en retournant dans le passé, mais en l'intégrant de telle sorte que les ancêtres et les origines soient toujours vivants en soi, dans l'instant présent. Pour Jung, « le centre psychologique de la personne, est le lieu où ses ancêtres se sont réincarnés. »[24] Ce rapport intime, ce dialogue avec ses aïeux et ses origines, est le gage d'un authentique épanouissement personnel.

Ces traditions ancestrales nous enseignent déjà une chose essentielle : contrairement à la tendance dans notre culture, il ne s'agit pas de se couper de nos parents, de couper nos racines, mais de guérir des parties malades, éventuellement de prendre psychologiquement soin de nos ancêtres dans le but de restaurer nos liens aux origines et de les intégrer symboliquement. Un tel enseignement mérite d'être pris en compte dans une approche contemporaine du transgénérationnel. C'est précisément pour respecter ce lien aux origines que je parle d'intégration transgénérationnelle et non pas de « libération » transgénérationnelle, qui sous-entend une coupure des liens les plus profonds - comme c'est la tendance dans une civilisation patriarcale.

D'autres sagesses ancestrales se retrouvent dans la mythologie. Elles méritent d'être pris en compte, comme nous le verrons dans le dernier chapitre avec le modèle thérapeutique que nous a laissé Sophocle. Avec leurs

---

[24] Carl G. Jung (1998), *Sur l'interprétation des rêves*, Albin Michel, Paris.

mythes fondateurs (et en particulier l'œuvre d'Hésiode[25] sur la naissance des dieux), les anciens Grecs disposaient d'une généalogie symbolique de leurs origines. Un modèle pour leur propre arbre familial qui servait aussi d'enracinement dans la nuit des temps. Ce rapport aux origines avait toute son importance, et par exemple, Hécatée de Milet[26] prétendait qu'en remontant seize générations, il descendait d'un dieu.

Traces écrites

Des passages d'anciens textes témoignent de cette conscience antique des liens transgénérationnels. Ces références ne sont, bien sûr, pas théoriques comme nous en avons aujourd'hui l'habitude, mais plutôt métaphoriques, mythologiques et symboliques. Un passage de la Bible fait référence à cet enracinement : « Un rameau ne peut porter de fruits tout seul, sans être uni à la vigne »[27].

Représentés de diverses manières, les héritages transgénérationnels ont été parfois décrits comme des esprits qui hanteraient les vivants, des possessions. Dans la Bible, ils sont présentés comme des malédictions résultant de la faute d'un aïeul qui frapperaient plusieurs générations.

---

[25] Hésiode (1999), *Théogonie, les travaux et les jours*, Le Livre de Poche, Paris.
[26] Hécatée de Milet, écrivain ionien, voyageur, savant, fût un des premiers à dessiner une carte du pourtour Méditerranéen.
[27] Jean, 15 : 1-17.

Par exemple, Didier Dumas[28] souligne ces passages de l'Ancien Testament (Exode, XX, 2-6) qui évoquent cette transmission transgénérationnelle des conséquences de la faute d'un aïeul : « ... je suis l'Eternel ton Dieu, le Dieu fort, qui est jaloux, poursuivant la faute des pères chez les fils sur trois ou quatre générations – s'ils me haïssent – mais prouvant sa fidélité à des milliers de générations – si elles m'aiment et gardent mes commandements. »

Marie Balmary aussi se réfère à des passages dans la Bible : « les pères ont mangé des raisins verts et les dents des fils en ont été agacées »[29]. Dans le livre de Job (8.8) l'on peut aussi lire : « Interroge ceux des générations passées, sois attentif à l'expérience de leurs pères. Car nous sommes d'hier, et nous ne savons rien. »

Chez les anciens Grecs

Les phénomènes de transmissions transgénérationnelles étaient aussi connus des anciens Grecs qui avaient assimilé les anciennes traditions provenant du bassin méditerranéen et du Moyen-Orient. Pour en rendre compte, ils évoquaient l'*Até*, une loi non écrite, ou divine, qui rattachait par les liens du sang les descendants à leurs ancêtres, comme s'ils ne formaient qu'une seule et même entité – rappelons qu'à cette époque la notion d'individualité n'existait pour ainsi dire pas.

---

[28] Didier Dumas (2001), *La Bible et ses fantômes*, Desclée de Brouwer, Paris, p.19.
[29] *Ezéchiel* 18, 2 et suiv. *Jérémie* 31, 29.

Un extrait de l'Iliade[30] témoigne de l'importance à cette époque du respect des alliances faites par les ancêtres. Pendant la guerre de Troie, Glaucos, qui combat pour les Troyens, rencontre Diomède, un ennemi grec. Mais, s'étant présenté l'un l'autre leur généalogie, les deux hommes découvrent que le grand-père de Diomède, Oinée, avait un jour offert l'hospitalité au grand-père de Glaucos, Bellérophon. Ainsi liés par les bonnes relations de leurs grands-pères respectifs, Glaucos et Diomède ne s'affrontent pas mais, au contraire, échangent leurs armes en signe de respect mutuel. Cette anecdote montre à quel point le respect des liens transgénérationnels pouvait l'emporter sur tout autre enjeu.

Chez les anciens Grecs, les héritages transgénérationnels étaient donc régis par l'*Até*, loi[31] qu'ils attribuaient à la volonté des dieux et qu'aujourd'hui nous rapportons aux phénomènes transgénérationnels inconscients. Dans *Sophocle thérapeute*[32] je mentionne les recherches de plusieurs hellénistes sur cette conscience des phénomènes transgénérationnels dans l'Antiquité. Par exemple, Eric Dodds rapporte que des personnes non coupables, ou non responsables, pouvaient être les victimes héréditaires des fautes de leurs ancêtres. « Théogonis se plaint qu'un système est injuste qui "permet au criminel d'en réchapper tandis qu'un

[30] Homère, *L'Iliade*, Chant VI, v.119 et s.
[31] À propos de la conscience des lois transgénérationnelles dans l'Antiquité, voir *Sophocle thérapeute* (2013, Écodition).
[32] *Sophocle thérapeute, la guérison d'Œdipe à Colone*, 2013, Ecodition, Genève.

autre subit la punition plus tard" ; [...] Si ces hommes acceptaient l'idée de la culpabilité héréditaire et de la punition différée, c'est qu'ils croyaient en la solidarité familiale. [...] Cela pouvait être injuste, mais cela leur paraissait être une loi de la nature qu'il fallait accepter : la famille était une unité morale, la vie du fils était une prolongation de celle du père et il héritait des dettes morales de son père comme il héritait de ses dettes commerciales. Tôt ou tard la dette exigeait son propre acquittement. Comme la *Pythie* le fit savoir à Crésus, le lien causal entre le crime et la punition était *moira*, quelque chose que même un dieu ne pouvait rompre ; Crésus devait achever ou remplir ce qui avait été provoqué par le crime d'un ancêtre, cinq générations avant lui. »[33]

Dans la Grèce Antique l'idée prévalait que la justice divine, si elle ne s'exerçait pas immédiatement, n'en était pas moins en marche et « on pouvait affirmer que le pécheur impuni souffrait dans sa descendance, ou bien l'on pouvait dire qu'il acquitterait sa dette en personne dans une autre vie. » Gustave Glotz explique également de quelle manière l'Antiquité avait conscience que les fautes d'un aïeul retombaient sur l'ensemble de sa descendance. « Que l'homme le veuille ou non, le châtiment se transmet de père en fils, parce que les dieux le veulent. C'est une loi de la nature. Ceux-là même qui la jugent immorale admettent qu'elle existe. »[34]

---

[33] Eric Doods (1977), *Les Grecs et l'irrationnel*, Flammarion, Paris, pp.42-43.

[34] Gustave Glotz (1904), *La solidarité dans la famille Grecque*, Albert Fontemoing, Paris, p. 575.

Ainsi, même si à l'époque les connaissances se transmettaient principalement de manière orale, il y a suffisamment de traces écrites qui montrent à quel point le transgénérationnel était omniprésent dans la culture. Ces références historiques nous autorisent à penser que l'intégration transgénérationnelle n'a rien d'une de ces modes qui envahit pour un temps le domaine des sciences humaines. Il s'agit bien plutôt de la redécouverte d'un savoir presque oublié.

Un patrimoine oublié

Dans les perspectives traditionnelles, la lignée familiale apparaît comme un lien et un intermédiaire vers des origines symboliques, c'est-à-dire mythologiques, divines et totémiques. Comme nous l'avons compris à propos du culte des ancêtres qui va jusqu'à diviniser certains aïeux, ou en faire des intercesseurs auprès des dieux, le rapport aux origines est aussi un dépassement de l'histoire temporelle, vers cette dimension symbolique intemporelle, passée, présente et future tout à la fois. Nous pouvons dès lors comprendre que les rituels et les pratiques spirituelles de l'époque ne cherchaient pas tant à renforcer une foi qui serait chancelante, mais qu'elles permettaient d'expérimenter et de célébrer l'expérience vivante (et amoureuse) d'un rapport intime avec l'origine de la vie. Autrement dit, les pratiques religieuses de l'époque (incomparable avec ce que nous connaissons aujourd'hui) remplissaient une fonction d'intégration des origines, symboliques comme spirituelles.

Aujourd'hui, nous pouvons comprendre que pour prévenir la maladie des ancêtres (ou aliénation transgénérationnelle), la perspective traditionnelle préserve ce rapport aux origines pour en éprouver les bienfaits, ici et maintenant. Soigner sa généalogie aurait donc pour but de restaurer ce lien aux origines et de procurer cette alliance avec les forces de la vie, ce qui n'est pas sans lien avec la connaissance de soi, du sujet vivant en soi. Respecter une telle perspective traditionnelle pourrait nous ouvrir à d'autres connaissances qui nous échappent encore aujourd'hui.

Au-delà de ses parents et de ses ancêtres, il s'agit donc aussi de renouer avec des origines qui ne relèvent plus de l'histoire, mais d'une dimension intemporelle, symbolique et opérante. À l'instar des rites de passage, l'on devenait un membre adulte de la collectivité lorsque l'on avait intégré ses origines symboliques. Celles-ci devenaient alors vivantes à l'intérieur de la personne, et c'est ainsi que la personne s'individualisait[35]. Un développement personnel qui ne s'opposait pas à une appartenance familiale ou sociale.

Selon les traditions, différentes figures divines représentent des parents symboliques, souvent il s'agit du Ciel et de la Terre. Une fonction parentale symbolique est ainsi clairement déléguée à ce couple originaire, luimême garant de l'équilibre du monde. Et comme l'explique le philosophe Michel Serre, nous ne sommes pas

---

[35] À l'époque, la notion d'individu n'avait pas la signification qu'on lui donne aujourd'hui et l'individualisation ne pouvait être un but en soi, contrairement à la connaissance de soi.

simplement une création de nos parents, mais le résultat de milliers d'années d'évolution. Nous faisons partie d'une histoire qui a commencé bien avant nos parents, qu'eux-mêmes ne font que perpétuer, sans forcément y ajouter grand-chose de nouveau. Un passage du *Corpus Hermeticum* précise ce rapport aux origines, comme d'un rapport à Dieu : « Qui donc a créé toutes ces choses ? Quelle mère, quel père sinon le Dieu invisible qui, par son propre vouloir, a tout fabriqué ? Nul n'avance qu'une statue ou une peinture puisse avoir été créée sans sculpteur, sans peintre, et cette Création serait venue à l'être sans Créateur ? [...] Ne va jamais, ô mon fils Tat, séparer les œuvres créées de leur Créateur. »[36]

Dans une telle perspective traditionnelle, le rôle parental consiste à accompagner leurs enfants jusqu'à ce que ce lien aux origines, symbolique et plus essentiel, prenne le relai. Même si cela peut prendre une forme religieuse, l'importance réside dans cet apprentissage d'une langue symbolique qui rende possible ce dialogue avec les origines jusqu'à son intégration. Nous pouvons ainsi mieux comprendre qu'une thérapie devrait toujours être au service d'une intégration des origines. L'intégration transgénérationnelle respecte ce critère, préférant reconnaître et soutenir un désir d'enracinement plutôt que de cultiver l'illusion d'une coupure prétendument libératrice de ses racines.

---

[36] Hermès Trismégiste (2011), *Corpus Hermeticum*, Tome I, les Belles Lettres, Paris, p. 63.

Culture et savoirs traditionnels refoulés

Le changement de civilisation à Athènes, sa rationalisation du monde (certains auteurs parlent ici du désenchantement du monde) s'accompagne d'une perte de conscience du transgénérationnel. Cependant, même si la conscience collective a aujourd'hui oublié leur importance, les héritages transgénérationnels n'en continuent pas moins à opérer – bien que de manière dorénavant inconsciente.

En renouant avec ce patrimoine, nous prenons conscience de l'importance des liens entre les générations dans les cultures traditionnelles. En même temps, nous découvrons son potentiel thérapeutique pour les problématiques contemporaines. Les historiens et les philosophes s'accordent à reconnaître que l'avènement de notre civilisation (moderne) qui eut lieu à Athènes, cinq siècles avant J.-C., s'était fait au prix d'un refoulement et rejet de certaines connaissances traditionnelles.

L'analyse de ce changement de civilisation nous éclaire sur les forces qui aujourd'hui encore refoulent la conscience du transgénérationnel. Elles sont omniprésentes dans une culture qui s'est en partie fondée sur ce refoulement des savoirs traditionnels. En dépit de ces résistances, nous observons un intérêt croissant pour le renouvellement d'anciennes connaissances. Les domaines qui s'y réfèrent sont toujours plus nombreux : dans la santé, l'hygiène de vie et l'alimentation (yoga par exemple), dans l'agriculture (permaculture), et dans des nouveaux modèles économiques plus soucieux de leur empreinte écologique. Tous ces mouvements sont confrontés à l'inertie d'une culture qui maintient ses refoulements fondateurs - parfois jusqu'à l'absurde.

Les succès thérapeutiques des analyses transgénérationnelles s'inscrivent donc dans cette perspective élargie du renouvellement d'anciennes connaissances. Et en plus d'apporter d'importants progrès dans les pratiques thérapeutiques, les analyses transgénérationnelles nous offrent de renouer avec un ensemble de sagesses ancestrales susceptibles de nous aider à répondre aux questions qui sont aujourd'hui d'actualité.

Renouer avec notre patrimoine ancestral

Ces anciennes références aux liens transgénérationnels mettent en évidence leur oubli dans nos sociétés modernes. Sur la base d'un refoulement inaugural, notre culture tend à banaliser les lacunes de transmission dans les filiations. Cependant, pour les thérapeutes qui se sont formés et qui pratiquent l'analyse transgénérationnelle, il est étonnant de constater à quel point notre société a pu faire l'impasse sur ces liens de filiation et négliger ce rapport symbolique aux origines, garant d'un certain équilibre psychologique. Du reste, c'est là aussi une des conditions du succès des cures psychanalytiques : l'intégration des figures parentales, la compréhension subjective et symbolique de sa propre histoire. Et, au-delà des bénéfices à mieux connaître l'histoire familiale, il s'agit aussi, rappelons-le, de dépasser ce qui dans ces histoires non terminées nous privent d'un rapport aux origines. Les analyses transgénérationnelles restaurent aussi l'importance de ce rapport aux origines, indissociable d'une rencontre avec soi-même, c'est-à-dire du sujet en soi.

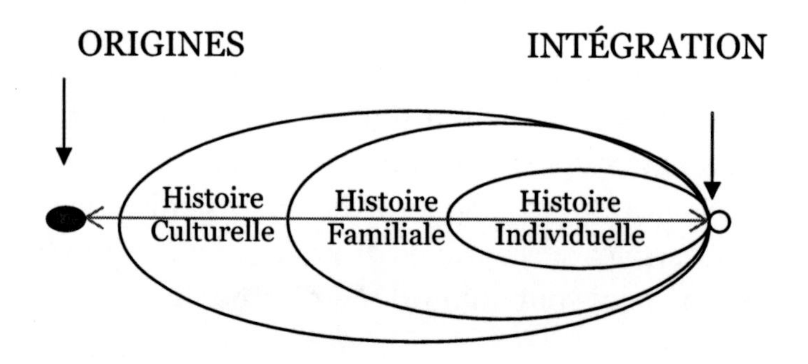

La rupture dans la transmission des connaissances ancestrales est comparable aux lacunes de transmissions au sein des familles. Elle en diffère dans la mesure où ce manque de transmission s'est généralisé à l'échelle d'une culture. Plutôt que de se conformer à la politique patriarcale de la coupure et de la séparation, ne devrions-nous pas plutôt mettre l'accent sur le travail d'intégration de nos racines et nous réapproprier[37] cette conscience ancestrale du transgénérationnel ? Parce qu'elle vise la restauration d'un rapport symbolique aux origines, au-delà des seuls héritages familiaux, une perspective globale d'intégration transgénérationnelle doit donc aussi tenir compte des biais induits par notre culture du refoulement.

---

[37] Pour contribuer à cette réappropriation, j'ai élaboré l'ouvrage collectif : *Chamanisme, rapport aux ancêtres et intégration transgénérationnelle*, Ecodition, 2016.

3
L'inconscient transgénérationnel

Avec un peu d'attention chacun peut observer des exemples de transmissions transgénérationnelles. De jeunes mères qui s'étaient juré ne pas reproduire certains schémas de leurs propres mères, reconnaissent à contrecœur qu'elles les répètent. Et que dire de ces pères qui reprennent les injonctions qu'ils ont eux-mêmes reçues étant enfants, comme si, malgré eux, ils devenaient des répliques de leurs pères ou grands-pères.

Parce qu'elles sont inconscientes, ces transmissions entre les générations échappent à tout contrôle. Elles véhiculent des conflits refoulés qui engendrent des mécanismes de défense toujours plus forts, des symptômes de tout ordre, des expériences qui se répètent. Or précisément, ces répétitions vont aussi attirer notre attention pour analyser ces héritages transgénérationnels inconscients qui nous habitent.

De manière générale, les vécus non intégrés laissent une charge émotionnelle qui se rejoue dans les relations avec l'entourage et plus particulièrement avec les enfants. À cause de ce que Ivan Boszormenyi-Nagy[38] a appelé une « loyauté familiale inconsciente », il arrive que des enfants, telles des éponges, absorbent ces difficultés parce que rien ne leur est dit, rien n'a été humanisé, transmis et assumé par une parole. Les événements non intégrés psychologiquement, dont on ne parle pas et que l'on ne saurait évoquer sans déni ni malaise, conservent une charge pathogène potentiellement aliénante. Serge Tisseron[39] explique qu'un enfant peut être exposé à des « suintements du secret » et à des messages paradoxaux, par exemple lorsqu'un père se raidit et écarte son enfant parce qu'un mot ou une image réveille un souvenir désagréable. Comme nous le verrons, une telle exposition à des relations déstabilisantes engendre toutes sortes de réactions symptomatiques, par exemple le développement, dès l'enfance, d'un « faux self », ou « *persona* », ou d'un surinvestissement narcissique.

Tenir compte des difficultés de nos ancêtres c'est aussi mieux connaître nos origines. Cependant, afin d'éviter de se heurter de plein fouet aux résistances mises en place à l'époque, il importe de ne pas porter de jugements hâtifs. Il faut bien souvent attendre d'accéder à une vue d'ensemble pour qu'une signification nouvelle émerge.

---

[38] Ivan Boszormenyi-Nagy, (1980), *Psychothérapies familiales*, PUF, Paris.
[39] Serge Tisseron, (2001) « Les secrets de famille, la honte, leurs images et leurs objets », dans *La psychanalyse avec Nicolas Abraham et Maria Torok*, sous la direction de Rouchy JC, Erès, Ramonville Sainte Anne.

Par ailleurs, il est bien compréhensible que, confrontés à des situations dites « inhumaines », des individus soient amenés à substituer au processus sain d'intégration psychologique des mécanismes de défense archaïques (clivages, dénis, etc.). En conséquence, les choses ne passent pas vraiment mais s'inscrivent dans l'inconscient, si bien que le temps n'a plus de prise sur la situation. L'événement conflictuel ne s'écrit pas au passé, mais il reste présent et se manifeste à travers des symptômes qui en parlent de manière plus ou moins explicite.

L'héritage d'une peur

Géraldine est déjà bien avancée dans son travail d'intégration transgénérationnelle lorsqu'elle met le doigt sur l'origine d'un de ses symptômes. Une peur profonde, soudaine, l'envahissait lorsque son fils aîné prenait la route, que ce soit au volant de sa voiture ou au guidon de son vélo. Or pendant qu'elle découvre le vrai visage de sa mère, derrière ses habituels chantages affectifs et autres manipulations, elle se souvient d'avoir déjà entendu parler d'un accident de la route. Alors qu'ils étaient jeunes mariés, son père avait eu un grave accident de voiture alors que sa mère l'attendait à la maison. À cela s'ajoute une problématique de deuils non fait chez sa mère, que nous élaborons depuis quelques temps. Parce que sa mère conduisait son fils, Géraldine avait reporté la mémoire traumatique (non intégrée) de l'accident de son père sur son fils, ce qui provoquait chez elle ces peurs incontrôlables. Géraldine précise : « en quatre semaines, j'ai pu constater que je devenais observatrice de cette peur et que je n'étais plus envahie par elle, j'avais la capacité d'y mettre un cadre, une compréhension et d'avoir ainsi le « dessus » sur elle. Toutefois, c'est véritablement lorsque j'ai été à même de ne plus prendre la charge morbide de ma mère, c'est à dire en prenant du recul et en étant observatrice de son comportement que cette peur m'a quitté. En effet, deux jours après cet état de fait, j'étais dans une légèreté et une joie lorsque mon fils m'a demandé la voiture. Son retour quelques heures après m'a surpris par la rapidité du temps qui s'était écoulé, cela m'a confirmé que je ne portais plus et surtout ne transmettais plus à mon fils cette charge négative. Et, aujourd'hui, je comprends et j'intègre ce mouvement de bascule qui se joue entre ma mère et moi, entre cette mort qu'elle porte en elle et qui est à même de m'aliéner si d'aventure je (re)prenais à sa place sa charge morbide. »

Héritages de secrets

Secrets, non-dits, mensonges, sont parfois très lourds de conséquences pour les héritiers. Des parents, ou grands-parents, qui n'ont pas voulu, ou pas su, assumer leurs vécus dans une parole, transmettent inconsciemment ces lacunes à leurs descendants. Des secrets sur l'identité d'un père, fruit d'une relation extraconjugale, ou dans les cas d'adoptions secrètes (comme pour Œdipe) ne sont pas sans conséquence. Ils peuvent barrer l'accès de ce lien symbolique aux origines qu'il s'agit alors de restaurer. En privant les enfants d'une transmission symbolique, verbale, qui leur permettrait d'organiser leur perception, ces non-dits ont des influences insidieuses, souterraines, qui peuvent se répercuter sur plusieurs générations.

Par exemple, Élisabeth Horowitz[40] a montré de quelle manière le destin de Jack Nicholson fut marqué par un secret sur l'identité de sa mère, laquelle s'était fait passer pour sa sœur. « Le film, dont le cœur est un secret incestueux comporte une scène dans laquelle Faye Dunaway dit à Nicholson en parlant de son enfant : « Je suis sa mère, je suis sa sœur. Je suis sa mère et je suis sa sœur. » Cette scène était si proche de la révélation de « mère sœur » de la propre histoire de Jack que beaucoup de personnes proches de lui se demandèrent ensuite si Robert Towne, scénariste et ami de Nicholson, avait une boule de cristal et le pouvoir de deviner des événements passés dont il ignorait tout. » Toute la communication dans sa famille sera pervertie par le secret : « Le sentiment de culpabilité est l'inévitable corollaire de la stratégie familiale : comment ne pas se sentir coupable vis-à-vis d'autres membres de la famille, que l'on trompe des années durant ? La position est parfaitement intenable. Protéger le parent en gardant jalousement le secret alors que sa révélation est indispensable à l'épanouissement du principal intéressé, s'avère être angois-

---

[40] Elisabeth Horowitz (2015), « Les secrets de famille de Jack Nicholson », dans *Le transgénérationnel dans la vie des célébrités*, ouvrage collectif, Ecodition, Genève.

sant. Toute rencontre avec la ou les personnes concernées sera obligatoirement tendue et dénuée de spontanéité. »

Elisabeth Horowitz repère encore les effets collatéraux du secret : « John Nicholson, le grand-père maternel de Jack (qui s'est fait passer pour son père), sombre dans l'alcool après avoir été contraint d'être complice du secret de son épouse. Il meurt prématurément à l'âge de 55 ans. Murray, son beau-père (qui s'est fait passer pour son beau-frère) sombre lui aussi dans l'alcool et décède prématurément. June, sa mère qui s'est faite passer pour sa sœur aînée, décède d'un cancer de manière prématurée à 45 ans, sans avoir révélé son secret. Ses demi-frères et sœurs Murray Jr et Paméla sont également victimes du secret, ils grandissent tous deux en croyant sincèrement que Jack est leur oncle. Son oncle Shorty et sa tante Lorraine doivent se faire passer respectivement pour beau-frère et sœur. Le vrai père de Jack (Don Furcillo) est écarté. Jack ne connaît aucun des membres de son ascendance paternelle, laquelle, si Don Furcillo est réellement son géniteur, est Italienne et non Irlandaise comme on le lui a donné à croire. »

Réécrire les histoires non dites

Interrogé sur ce qui constitue une faute, dans le sens d'une responsabilité des transmissions transgénérationnelles, Didier Dumas[41] explique : « La faute ? Mais c'est

[41] Nina Canault (1998), *Comment paye-t-on les fautes de ses ancêtres*, Desclée de Brouwer, Paris.

une carence de parole, une impossibilité à dire, à s'assumer comme un être humain, un être de langage ». En effet, les psychanalystes ont toujours accordé à la parole de l'adulte un rôle central dans le bon développement de l'enfant. Elle lui permet de se développer comme sujet, c'est-à-dire comme un être autonome, capable de penser par-lui-même. Toute la nuance entre une fonction parentale simplement biologique et celle qui donne naissance à un sujet se retrouve dans cette question d'une transmission symbolique, ou au contraire, dans son absence symptomatique.

Françoise Dolto insistait sur l'importance de ne pas cacher aux enfants des événements significatifs du vécu des adultes, des décès dans la famille, des paternités extraconjugales, etc. Non seulement l'enfant en possède une connaissance intuitive, mais surtout, cela provoque en lui le besoin compulsif de rechercher une explication tangible à son ressenti, une quête qui peut ne jamais aboutir, aliénant durablement son destin. Et par exemple, nous pouvons établir le parallèle entre des adolescents qui consomment abusivement alcool ou drogues et des parents qui auraient « réglé » et refoulé leurs difficultés en ayant eux-mêmes consommés des drogues ou des médicaments.

Hériter d'un non-dit collectif

En faisant référence à la célèbre toxicomane allemande Christiane F., Pascal Hachet souligne l'importance chez elle du rejet de ses parents et de toute cette génération qui n'avait pas su intégrer, ni dire, la charge psychique liée à la Seconde Guerre mondiale. « La toxicomanie de cette adolescente aurait exprimé son rejet rituel de l'influence de secrets familiaux : débarrasser le psychisme de tensions aussi insupportables qu'énigmatiques. »[42] L'occultation par ses aïeux de leurs propres traumas aura conduit Christiane F. à les remettre en scène, comme sous l'emprise d'une mission inéluctable, typique des aliénations transgénérationnelles de ce genre.

Parmi les événements qui engendrent des manques d'intégration, les guerres et les génocides sont bien sûr une des causes majeures de transmission de traumatismes. Les héritiers de deuils non faits ne sont pas rares chez les descendants des victimes de guerre. Peter Sichrowsky a pu observer des traces de ces traumas chez les enfants et petits-enfants des oppresseurs, tous porteurs de très lourdes valises inconscientes. Ainsi, un fils d'officier allemand explique : « La faute me poursuit vous savez. Et celui qui est coupable finit toujours par être puni. Si ce n'est pas ici et maintenant, ce sera en d'autres temps, en d'autres lieux. Mais elle finira par me rattraper. Je ne lui échapperai pas. Vous ne saurez rien de moi, rien, pas un mot. Ce qu'ils ont fait restera un secret. Personne ne doit le savoir. Leurs actes, ou plutôt leurs exactions, ne devront jamais être mentionnés nulle part. Mes parents, ils brûlent en enfer. Ils sont morts depuis longtemps ; pour eux c'est fini. Et moi, ils m'ont

---

[42] Pascal Hachet (2001) « Traumas collectifs, mythes, rites et toxicomanie », dans *La psychanalyse avec Nicolas Abraham et Maria Torok*, sous la direction de Rouchy J.-C., Erès, Ramonville Sainte Anne.

laissé. Né coupable, condamné à vivre coupable. Les rêves, c'est ça le pire. Ils viennent sans cesse me hanter la nuit. Toujours le même rêve. Je le connais comme un film que j'aurai vu cent fois. Ils m'arrachent du lit, me trainent hors de la chambre, me tirent dans l'escalier et me poussent dans une voiture. Des hommes en uniforme rayé. La voiture fonce à travers la ville. J'entends des bruits de l'extérieur. Des gens crient « hourra ! » hurlent, braillent. [...] J'ai du mal à respirer, ma gorge se noue. Je me précipite sur la porte, je tente de l'ouvrir. Je la secoue, je crie, les yeux me brûlent ; puis je me réveille. »[43]

Dans un de ses livres, Anne-Ancelin Schützenberger présente l'histoire d'une famille traumatisée par le génocide arménien du 24 avril 1915. Une femme avait été choquée par le spectacle des têtes coupées de ses sœurs et de sa mère. Des évocations de cette histoire reviendront sous forme de destin : trois générations plus tard, deux sœurs donnent naissance à des enfants ayant un grave problème à la tête. Et la thérapeute de préciser : « Il faut reconnaître que cela fait un choc de découvrir que toutes ces femmes étaient coiffeuses. La grand-mère a vu les têtes coupées ; depuis, toutes les filles réparent et embellissent les têtes, sauf une [...] qui est anesthésiste-réanimateur - elle répare la mort peut-être ? »[44]

---

[43] Voir les analyses Peter Sichrowsky présentées dans *L'intégration transgénérationnelle*, Ecodition, 2014, Genève, p. 16.
[44] Anne-Ancelin Schützenberger (1998), *Aïe, mes aïeux !* Desclées de Brouwer, Paris, p. 72.

Des répétitions se retrouvent aussi en lien avec des lieux particuliers. Myron Eshowsky[45] donne l'exemple de la région du Kosovo, une zone des Balkans où des conflits ont éclatés lors de la dissolution de la Yougoslavie. « Or cette région avait déjà été le lieu du début de la 1ère guerre mondiale, ainsi que, au Moyen Âge, l'endroit de la guerre entre les Ottomans (Turcs musulmans) et les Serbes (chrétiens orthodoxes) pour la suprématie dans les Balkans. La bataille du Kosovo en 1389 avait pris fin avec la défaite des Serbes par les Ottomans. Et c'est à la date anniversaire de cette défaite qu'un militant Serbe a tué l'archiduc Ferdinand pour venger l'humiliation de la Serbie - ce qui a changé toute la géopolitique de l'Europe. Et, assez étonnamment, c'est à cette même date que Slobodan Milosevic, président de la Serbie, invoqua la bataille du Kosovo pour appeler aux armes dans les conflits des Balkans : "Plus jamais l'Islam n'asservira les Serbes" ».

À l'échelle familiale, des vécus conflictuels peuvent engendrer des mécanismes de compensation qui se transmettent et qui conditionnent des descendants, sans permettre d'intégrer le passé. Par exemple, Guy Ausloos[46] mentionne le cas d'un jeune anglais qui paya cher ce genre d'héritage familial inconscient. Pour obéir à la devise familiale, « faire face », il était resté en Afrique

---

[45] Myron Eshowsky (2016), « Les histoires qui n'en finissent pas : guérir les traumas transgénérationnels collectifs », dans *Chamanisme, rapport aux ancêtres et intégration transgénérationnelle*, Ecodition, Genève.

[46] Guy Ausloos (1980), « Œdipe et sa famille, ou les secrets sont faits pour être agis », dans *Dialogue*, n°70, AFCCC, Paris.

pendant les combats pour l'indépendance alors que ses concitoyens étaient rentrés au pays. Parce qu'il n'avait pas voulu les écouter, il eut ensuite beaucoup d'ennuis et une lourde infirmité. Plus tard il fit des recherches et découvrit l'histoire familiale qui l'avait conditionné. Un de ses ancêtres, amiral de la flotte anglaise, avait préféré sauver bâtiments et équipages en anticipant une défaite contre les Français. Il fut cependant pris comme bouc émissaire par le gouvernement qui prononça son bannissement. Radiée de la gentry anglaise, sa famille fit alors modifier son nom et imposa une nouvelle devise, « faire face », pour racheter la honte et faire oublier l'histoire de l'ancêtre. Cette devise véhicule le manque d'intégration d'une histoire qui continuera à influencer la capacité du descendant à évaluer sa situation.

La mise en évidence d'une fidélité inconsciente aux ancêtres peut dynamiser un travail d'intégration transgénérationnel, comme pour Ingrid. Cette jeune femme, très vive et indépendante, était venue en consultation parce qu'elle se sentait perdue, prise dans une situation qui la rendait malheureuse. Elle avait renoué avec un homme marié, après avoir rompu plusieurs années auparavant. Les sentiments qu'elle éprouve sont tels qu'elle ne sait que faire. Elle ne voit pas d'avenir et cette situation la bloque autant professionnellement que sur le plan personnel.

En explorant la vie de ses ancêtres nous découvrons que son arrière-grand-père avait écarté une épouse après qu'elle lui eût donné un fils. À l'époque, au nord de l'Afrique, les hommes ont tous les droits, et la polygamie était répandue. Ingrid m'avoue alors qu'elle avait toujours été ambivalente sur cette question de la polygamie et de la polyandrie comme si c'était là une donnée admise, des situations normales. Il faut dire qu'enfant elle avait compris que son père avait des maîtresses et qu'elle avait pris son partit en réaction à sa mère tellement dépendante, laquelle se complaisait dans une position de victime. Pas étonnant qu'elle se fût imaginée plus heureuse comme maîtresse que comme épouse. Mais aujourd'hui tout est remis en cause. Avec la clarification de ce qui était arrivé à son arrière-grand-mère séparée de force de son fils, et des conséquences pour ce dernier et ses descendants, jusqu'à son père, Ingrid voit les choses sous un nouvel angle. Je lui explique alors que dans ce genre de traditions patriarcales, les hommes sont eux aussi victime d'une fidélité inconsciente à leurs aïeux, et qu'ils ne sont pas eux-mêmes des sujets ayant intégré leurs héritages. Aussi bien pour les hommes que pour les femmes, la question se posait dans une nécessité d'advenir sujet face à leurs propres héritages transgénérationnels. Soutenir les oppositions (dualistes) attise les problématiques et les projections inconscientes tandis qu'au contraire, mobiliser le sujet en soi permet de faire évoluer les choses. La réaction d'Ingrid ne se fit pas attendre. Elle semble s'être réveillée et m'explique qu'elle est une femme d'aujourd'hui et, qu'au fond, elle ne cautionne pas du tout la tradition polygame de ses ancêtres ! À partir de cet instant, elle va cesser d'être passive dans sa relation amoureuse. Jusqu'ici sa loyauté inconsciente, aliénante, l'interdisait de toute demande envers cet homme qu'elle aime malgré tout. Mais maintenant, elle entend cette voix en elle (celle du sujet en soi) qui lui parle de ses désirs, de son besoin de reconnaissance, d'avoir un compagnon plus présent dans sa vie. Pour le dire simplement, la prise de conscience de sa fidélité transgénérationnelle aliénante l'aura aidé à se retrouver elle-même.

L'expérience thérapeutique révèle aussi que des événements non intégrés se répètent à des dates précises. Comme si une mémoire inconsciente associait un vécu particulier avec un repère temporel pour imposer la répétition d'une histoire. Anne-Ancelin Schutzenberger parle de « syndrome d'anniversaire » [47] lorsque des événements se reproduisent à une même date ou dans ces circonstances similaires.

Elle rapporte l'histoire d'un jeune médecin de vingt-sept ans qui fait un petit accident de voiture alors qu'il conduisait son fils de six ans à l'école pour la première fois. Anne-Ancelin Schützenberger lui propose de se renseigner si dans sa famille des accidents similaires avaient pu se produire. Et en effet, « quand il était enfant, à six ans, en allant à l'école pour la première fois avec son père, il a eu un accident de voiture le 1er octobre. Le père a eu un accident, lui aussi, enfant, en allant à l'école pour la première fois, avec son père (le grand-père). Le grand-père n'a pas eu d'accident en allant à l'école, car il n'y est pas allé ; son père venait d'être tué à Verdun ; sa famille était très pauvre [...] il est donc allé garder les vaches, en louchant sur l'école. Depuis,

---

47 Anne-Ancelin Schützenberger (1998), *Aïe, mes aïeux !* Desclées de Brouwer, Paris, p. 72.

toutes les rentrées scolaires, à chaque génération, ont été marquées par un accident de voiture sur le chemin de l'école. »

Les deuils non faits

Pour s'épargner d'avoir à faire le deuil d'un enfant disparu, parfois des parents font, plus ou moins consciemment, un *enfant de remplacement*. Ce dernier héritera de la charge du deuil non fait, et même parfois du prénom du mort ! Ce genre d'événements « mal vécu », ou « non vécu » engendrent des mécanismes de défense archaïques (dénis, refoulements conservateurs) qui figent ces situations problématiques dans une dimension inconsciente et, on le sait maintenant, intemporelle.

Ceux qui naissent le même jour que celui d'un enfant décédé courent aussi le risque d'être des « enfants de remplacement », aliénés par un deuil non fait. Parfois aussi, comme Salomon Sellam l'a montré, ces enfants de remplacement sont conçus le jour anniversaire de la naissance ou du décès d'un autre enfant précédemment décédé. Il faut alors prendre en compte la date qui précède de neuf mois la naissance de celui qui hérite d'un « gisant », d'un « fantôme ». Salomon Sellam[48] raconte encore l'histoire de cette jeune femme qui se plaint du comportement taciturne et triste de son fils, Roman, pourtant en parfaite santé. Il apparaît que cette femme a vécu deux fausses couches, pour deux enfants dont les

---

[48] Salomon Sellam, *Exemples d'intégration transgénérationnelle*, ouvrage collectif (2014, Ecodition), et *Le syndrome du gisant*, (2007, Bérangel), Saint-André-de-Sagonis.

prénoms devaient être Romain et Anne. Or le prénom qu'elle a attribué à son fils associe ceux des deux fœtus, comme pour lui demander d'être le médicament de ses propres deuils non faits. « Après un petit temps d'arrêt, une grimace puis quelques pleurs, elle a compris simplement que le petit Roman portait les valises de Romain et de Anne. Le deuil de ces deux enfants n'avait jamais été fait, la mémoire de ces fausses couches restait inscrite sur Roman. Ce dernier ne pouvait pas profiter de sa vie normalement, car il était chargé de faire revivre deux morts aux yeux de ses parents. » Voilà typiquement comment des parents peuvent inconsciemment reporter leurs propres manques sur les nouvelles générations.

Nicolas Abraham nous a laissé un exemple classique d'héritage transgénérationnel d'un deuil non fait. Pour tenter de comprendre les origines des importants malaises de son client, il lui propose de faire des recherches sur la vie de ses ancêtres. Ce client réalise alors que personne ne lui a parlé de son grand-père maternel. Il découvre que ce dernier avait probablement cambriolé une banque - pour le moins -, qu'il fut condamné et envoyé aux « Bataillons d'Afrique », pour y « casser des cailloux », avant d'être exécuté dans une chambre à gaz. Un vécu qui fait écho à ses propres activités puisqu'il est lui-même géologue amateur, qu'il passe ses week-ends à casser des cailloux, et que, chasseur de gros papillons, il les attrape et les achève dans un bocal de cyanure. De manière assez significative, un lien apparaît entre ses activités (géologue et chasseur de papillons) et la fin de vie de son grand-père. Parce qu'elle fut gardée secrète, il a hérité de l'histoire d'un grand-père qu'il rejoue inconsciemment. Une situation qui témoigne de la présence « d'un autre » en lui, ce grand-père dont il faudrait enfin parler. Cela correspond bien à une forme d'aliénation, à la présence d'un autre chez l'héritier, lequel rappelle par ses conduites l'histoire non intégrée de sa famille. La levée du secret permet ensuite de mieux comprendre les manques d'intégration de sa mère dont il avait hérité.

À propos des héritages transgénérationnels de deuils non faits, Serge Tisseron[49], à la suite de Nicolas Abraham et de Maria Torok, parle d'une « clinique du fantôme ». Bruno Clavier[50] aussi analyse la présence de ces fantômes qui affectent les héritiers des deuils non intégrés par leurs parents. Pour Maria Torok[51], les crises de panique sont des manifestations de la présence d'un fantôme inconsciemment hérité.

Autres conséquences d'un deuil non fait

Marc Wolynn raconte l'histoire de Jesse, un jeune homme qui souffre d'insomnie depuis plus d'une année. Avant, il était un athlète de premier plan et un étudiant modèle, mais son manque de sommeil avait initié une spirale de dépression et de désespoir. Il avait abandonné

[49] Serge Tisseron (1995), *Le psychisme à l'épreuve des générations : clinique du fantôme*, Dunod, Paris. Serge Tisseron (1996), *Secrets de famille, mode d'emploi*, Ramsay, Paris. Jean-Claude Rouchy (2001), *La psychanalyse avec Nicolas Abraham et Maria Torok*, Éditions Érès, Paris.
[50] Bruno Clavier (2013), *Les fantômes familiaux*, Payot, Paris.
[51] Maria Torok, « Histoire de peur, le symptôme phobique : retour du refoulé ou retour du fantôme ? », dans *L'écorce et le Noyau*, Flammarion, Paris.

ses études et ses activités sportives. En une année il avait consulté trois médecins, deux psychologues, une clinique du sommeil, un médecin naturopathe, sans succès. Ses problèmes avaient commencé juste après son dix-neuvième anniversaire. Son corps s'était glacé. Frissonnant, il avait été incapable de se réchauffer et saisi par une peur étrange qu'il n'avait jamais connue auparavant. Il éprouvait la crainte que quelque chose de terrible pouvait se produire s'il s'endormait : « Si je m'endors, je ne pourrais jamais me réveiller ». Chaque fois qu'il se sentait dériver, la peur le maintenait en éveil. Ce scénario s'est depuis répété toutes les nuits. Jesse savait que sa crainte était irrationnelle, mais il se sentait impuissant à y mettre un terme.

Un détail intéresse le thérapeute, celui de la sensation de froid et l'impression de geler. Il demande à Jesse si quelqu'un dans sa famille avait subi un traumatisme qui eut impliqué d'être « froid » ou d'être « endormi » ou être « dix-neuf. » Jesse s'est alors rappelé que sa mère avait récemment parlé de la mort tragique de son oncle qu'il n'a jamais connu. Cet oncle Colin avait dix-neuf ans lorsqu'il est mort gelé dans une tempête alors qu'il vérifiait des lignes électriques dans le nord-ouest du Canada. Il avait été trouvé mort d'hypothermie. Des traces dans la neige ont révélé qu'il s'était accroché à la vie et battu pour survivre. Pour Colin, lâcher signifiait la mort. Ce fut une perte tragique pour la famille qui n'a plus jamais prononcé son nom. Or trois décennies plus tard, lorsqu'il eut le même âge que son oncle, Jesse éprouve de manière inconsciente l'histoire non intégrée de ses ancêtres, avec cette terreur de se lâcher dans l'inconscience du sommeil. L'association de ses symptômes et de l'histoire de son oncle mort à dix-neuf ans fut un tournant pour Jesse. Il avait enfin une explication à sa peur de s'endormir et le processus de guérison a enfin pu commencer. Non seulement Jesse a pu se libérer de son insomnie, mais il a aussi retrouvé un sentiment de reconnexion à sa famille, présente et passée.

Ce dernier point n'est pas sans intérêt. Comme je le développerai plus loin, les analyses transgénérationnelles n'ont en effet pas la seule vocation de guérir de certains symptômes, elles permettent également d'intégrer un lien aux origines, de s'enraciner.

André vient me voir pour faire un travail sur lui. Il est formateur dans une école de futurs travailleurs sociaux et il a commencé un cursus de formation pour devenir psychopraticien. Il m'explique qu'il aimerait bien analyser son histoire, notamment à cause d'un grand-père mort jeune d'un accident de vélo et de son père également mort trop tôt d'un accident de la circulation. À propos de son père, il évoque des scènes de violence proches du délire. Ancien policier, son père était heureusement du bon côté de la justice. À la mort de sa grand-mère paternelle, André a su rester calme pour désarmer son père prêt à faire usage de sa carabine.... Clairement, dans cette famille, les deuils étaient difficiles à faire, c'est le moins que l'on puisse dire.

Suite au divorce de ses parents, André, âgé de deux ans, est confié à sa grand-mère paternelle. Elle vit dans l'auberge familiale, dans la campagne. Il partage alors le lit de sa grand-mère. Mais puisque son grand-père s'appelait aussi André, symboliquement, il se retrouve à le remplacer auprès de sa grand-mère.

Depuis plusieurs mois, André avançait dans son travail (en psychothérapie analytique « classique », sur le divan), content de voir des changements se produire dans sa vie professionnelle et privée. Mais les choses vont s'accélérer lorsque l'histoire de ses arrière-grands-parents sera clarifiée, ceux-là même qui avaient acheté l'auberge. Depuis le début de notre travail, l'énigme subsistait quand à cette position particulière d'avoir été, très jeune, à la place d'un mort dans lit de sa grand-mère. De nouvelles informations vont permettre d'intégrer les aspects jusqu'ici invisibles de cette situation. En effet, André apprend qu'avant de venir s'établir dans cette auberge, son arrière-grand-père avait perdu sa première femme, et qu'il s'était remarié en 1900. Est-ce parce que le deuil de sa première épouse n'avait pas été fait, ou à cause d'autres facteurs inconnus, toujours est-il que ce nouveau couple aura trois enfants mort-nés. Et ce ne sera qu'après avoir changé de vie, en déménageant dans la nouvelle auberge, qu'ils eurent enfin des enfants sains, dont la grand-mère d'André, née en 1908. Mais d'autres décès se produisent encore, une des sœurs de la grand-mère meurt accidentellement à quatorze ans, et un de ses demi-frères décède à la guerre en 1914.

Pour les arrière-grands-parents, et pour la grand-mère de André, la liste des morts est longue, comme si les deuils non fait en première instance, obligeait cette famille à en subir d'autres encore. Et, de fait, la grand-mère perdra son mari alors qu'il n'avait que trente-sept ans. Tous les fantômes qui hantaient le psychisme de sa grand-mère sont ainsi sortis du placard, identifiés, reconnus, et replacés dans l'histoire. Partager le lit de sa grand-mère l'exposait à toutes ces histoires non-dites. André intègre toutes ces informations, il ira aussi se recueillir dans le cimetière familial, dans un esprit d'apaisement pour ses ancêtres, pour lui-même et sa propre famille.

Cette clarification des histoires non dites, non transmises, au sein de sa famille aura deux conséquences « thérapeutiques » pour André. Non seulement il comprendra mieux ce qui aliénait sa grand-mère, parfois porté sur la bouteille, et son père, qui exprimait dans ses accès de violence cette confrontation inconsciente à tous ces deuils non faits dans la famille. Comme on peut s'y attendre, quelque chose du rapport à son père va changer. André peut dorénavant valider et faire siennes certaines des qualités de son géniteur, son autorité naturelle en particulier. Enfin, l'autre bénéfice d'une telle clarification se trouve dans ce nouveau sentiment pour lui d'être en lien avec ses ancêtres, avec ses origines. Un lien qui prend parfois la forme de synchronicités, d'un rapport à la vie plus inspiré, parfois poétique.

Un tel exemple illustre assez bien les bénéfices secondaires que l'on peut retirer d'une clarification des histoires non terminées de ses ancêtres. Au-delà d'une demande thérapeutique, l'intégration transgénérationnelle restaure également ses liens aux origines.

4
Transferts entre générations

Pour toutes sortes de raisons, nos parents et nos aïeux n'ont pas toujours intégré leurs vécus, laissant derrière eux autant d'histoires non terminées. Ces dernières se transmettent alors de plusieurs manières.

La nécessité transférentielle

Comme nous allons le voir dans ce chapitre, les histoires non terminées génèrent des mécanismes dits de *transfert*. Il s'agit d'une tendance inconsciente à projeter les expériences non intégrées. Par exemple, une personne qui aurait souffert d'une déception amoureuse, et qui ne l'aurait pas intégrée, aura tendance à projeter sa peur de la revivre lorsqu'elle se retrouve dans une nouvelle relation. Ces histoires non terminées sont ainsi à l'origine d'une *nécessité transférentielle,* d'une tendance à rejouer certaines situations, certains vécus (secrets, émotions, etc.) précisément parce qu'ils n'ont pas été intégrés et que les histoires ne sont pas terminées.

Un exemple de transfert nous est donné par Selma Fraiberg : une jeune mère n'en peut plus de la tyrannie de son fils de onze mois. C'est un « monstre » qui a de terribles crises de colère et qui ne la laisse pas en paix une seule minute. Elle ne peut même pas aller aux toilettes sans qu'il l'embête. « Il veut tout ce que j'ai... si je suis en train de manger, il veut ma tartine, mon café, mon orange... il finit toujours par avoir ce qu'il veut... il essaye délibérément de me mettre hors de moi. » [52]

À force de proposer à cette jeune mère de parler d'elle, le vrai monstre finit par émerger de son enfance. Elle gardait inconsciemment le souvenir d'un frère aîné de deux ans, brutal et tyrannique, qui la persécutait jusqu'à l'obliger à s'enfermer dans sa chambre pour y pleurer de désespoir. Il faut encore dire que son frère était le favori de sa mère pour achever de brosser le tableau psychique que cette jeune femme projetait sur son fils. Ce n'est que progressivement qu'elle prit conscience du rapport entre le monstre qu'elle voyait en son fils et l'histoire non intégrée de sa propre enfance. En d'autres circonstances, il n'est pas irréaliste d'imaginer qu'un enfant, à force d'être ainsi sollicité, finisse par incarner[53] les projections inconscientes de sa mère. Un tel enfant, s'adaptant à la nécessité transférentielle de sa mère, en serait aliéné, portant cet autre qui hante sa mère, un oncle tyrannique. En endossant les transferts de sa mère, il hériterait de ses manques d'intégration et en serait aliéné. Cet exemple est révélateur de nos propres né-

---

[52] Selma Fraiberg (1999), *Fantômes dans la chambre d'enfants*, PUF, Paris, p.109.

[53] Nous savons que l'être humain possède cette faculté de s'adapter, même à ses dépens, aux situations les plus étranges, et parfois parvenir à les justifier.

cessités transférentielles au quotidien, et d'une autre façon de les gérer, par l'introspection et le retour à soi-même - plutôt que de se focaliser sur l'extérieur.

La *nécessité transférentielle* permet de comprendre une partie du processus des transmissions transgénérationnelles, celle qui se situe « en amont », c'est-à-dire celle qui provient des événements non intégrés. C'est là que se trouve le pôle émetteur d'aliénations qu'il s'agit de distinguer d'un pôle qui serait récepteur. Ce dernier est le récipiendaire d'un processus de transmission transgénérationnelle, se situant « en aval », à l'œuvre chez les héritiers.

Qu'est-ce que le transfert ?

Le transfert désigne la tendance inconsciente à projeter ses expériences non intégrées dans son vécu actuel et sur son entourage.

Pionnier de la psychologie des profondeurs, Sándor Ferenczi constate que « cette tendance au transfert des psychonévrosés ne se manifeste pas seulement dans le cadre d'une psychanalyse, ni uniquement par rapport au médecin ; bien plus, le transfert apparaît comme un mécanisme psychique caractéristique de la névrose en général, qui se manifeste dans toutes les circonstances de la vie et sous-tend la plupart des manifestations morbides. L'expérience acquise nous montre que le gaspillage apparemment gratuit des affects chez les névrosés, l'exagération de leur haine, leur amour ou leur pitié, résultent des transferts ; leurs fantasmes inconscients relient des événements et des personnes du moment et des événements psychiques depuis longtemps oubliés, provoquant ainsi le déplacement de l'énergie affective des complexes de représentations inconscientes sur les idées actuelles, exagérant leur intensité affective. Le « comportement excessif » des hystériques est bien connu et suscite les sarcasmes et le mépris ; mais depuis Freud nous savons que c'est à nous, médecins, que ces sarcasmes devraient s'adresser, nous qui n'avons pas reconnu la représentation symbolique propre à l'hystérie, faisant figure d'analphabètes face au riche langage de l'hystérie, tantôt la qualifiant de simulation, tantôt prétendant en venir à bout au moyen de dénominations physiologiques aussi grandiloquentes qu'obscures. »

Nous l'observons tous les jours, le transfert réactualise un premier conflit refoulé et oublié. Ce sont toutes ces histoires restées en suspens qui, inconsciemment, nous empêchent de vivre l'instant présent et nous éloignent du sujet en soi.

Si les transferts ne permettent pas de guérir d'une histoire non terminée, ils permettent néanmoins des soulagements provisoires. Comme une cocotte-minute sous pression, tant que le conflit inconscient n'est pas intégré, il faut l'évacuer d'une manière ou d'une autre. Tant que la problématique d'origine, généralement inconsciente, n'est pas analysée, le processus se répète. Transférer sur son actualité quotidienne des événements anciens sert ainsi d'exutoire aux conflits internes inconscients, transformés en conflits hors de soi, sur des choses et autres problématiques susceptibles de les représenter. Une dynamique que l'on observe aussi à l'échelle collective. C'est ainsi que nous pouvons comprendre le besoin de certaines collectivités de produire ses parias, invalides et autres boucs émissaires.

Une source d'aliénation

Comme je propose de la définir, la nécessité transférentielle est la conséquence d'un manque d'intégration. À défaut d'avoir pu intégrer des vécus conflictuels, ces derniers n'entrent pas dans l'Histoire et restent présents, reportés, ou transférés, sur une actualité plus ou moins adéquate. À force, ils se cristallisent alors dans un rapport conflictuel vers l'extérieur, sans plus permettre ainsi un travail d'introspection. Ce genre de projection sur l'extérieur traduit la présence d'une nécessité transférentielle, elle-même découlant d'un manque d'intégration. La problématique paranoïaque est un bon exemple d'une personne qui ne cesse de projeter autour d'elle un ancien traumatisme devenu inconscient, mais pas inopérant.

Aldo Naouri présente un exemple de deuil non fait qui est à l'origine d'une nécessité transférentielle qu'une jeune mère projette sur son nouveau-né. Elle harcelait le pédiatre depuis plusieurs semaines pour des bénignités chez son nouveau-né. Or celles-ci ne justifiaient aucunement ses accès d'angoisse. Mais un jour, elle revient pour raconter un atroce cauchemar. Elle y avait vu la tête de son fils posée sur une table, pleurant, criant sans qu'elle n'entende rien ! La jeune mère raconte : « Je me suis réveillée en sursaut. Je suis allée au berceau de mon fils. J'ai allumé, il dormait. Et vous savez ce que j'ai fait, je suis folle sûrement, je l'ai réveillé, je l'ai secoué, jusqu'à ce qu'il pleure. Alors, j'ai entendu ses cris et j'ai essayé de le calmer. Mon mari s'est réveillé, je ne lui ai rien raconté de mon rêve. Et j'ai mis longtemps à bercer Samuel pour qu'il se rendorme. Je n'ai plus refermé l'œil depuis. »[54]

Aldo Naouri nous restitue ensuite la suite de l'entretien : « Sans entrer dans le détail du matériel du rêve, Mme Judith m'a raconté sa rencontre avec le père de Samuel, leur mariage, sa grossesse et enfin son accouchement : elle mettait au monde un garçon au moment même où son propre père, à un autre étage de la même clinique, décédait, sans qu'elle n'en sache rien. On lui a appris la nouvelle quarante-huit heures plus tard, au moment de l'enterrement auquel elle ne pouvait pas se rendre dans son état. « Plus j'y pense, plus je deviens folle, plus j'essaye de ne pas y penser et plus ça revient malgré moi, un qui part, un autre qui arrive, et moi au milieu. Moi. Toute seule ? Là, je n'ai pas choisi le moment, la vie l'a choisi pour moi. Est-ce que j'aurais pu savoir ? On m'avait tout caché ! Mais, même si on m'avait dit, qu'est-ce que je pouvais y faire ? Alors, ça revient toujours, j'ai beau me raisonner, je ne peux pas ne pas toujours y penser. Il y a vraiment de quoi perdre la tête. »

Cette situation décrit bien la difficulté pour cette femme à intégrer le décès de son père : « de quoi perdre la tête » dit-elle. Plusieurs facteurs concourent à cette

---

[54] Aldo Naouri (1985), *Une place pour le père,* Seuil, Paris.

difficulté : le fait qu'on lui ait caché l'événement, que celui-ci coïncide avec son accouchement, qui plus est, se produit dans le même établissement, etc. Dès lors, l'événement non intégré et la charge émotionnelle qui lui est associée se projettent sur le nouveau-né, lui attribuant quantité de problèmes largement surévalués, pour ne pas dire inventés. Cette femme exprime ici sa propre nécessité transférentielle. Elle déplace dans un espace hors de soi, entre elle et son enfant, le manque d'intégration du décès de son père. Le cauchemar, ainsi que la possibilité de parole et d'abréaction qu'elle trouve avec son interlocuteur, fort heureusement, lui permettent de renouer avec l'origine des problèmes pour l'intégrer au lieu de le projeter sur son nouveau-né.

Manque de reconnaissance

Comme ces exemples le montrent, les nécessités transférentielles influencent la reconnaissance de l'autre. Combien d'énergie et de frustration ne peut-on observer dans les échanges entre les uns et les autres pour se faire reconnaitre, et pour se défendre des projections ou nécessités transférentielles ? L'enjeu est bien celui d'une lutte contre l'aliénation qui perpétue une histoire non terminée. Ce manque de reconnaissance de l'autre est en même temps ou oubli, ou éloignement de soi-même.

Ces nécessités transférentielles caractérisent autant des cultures (préjugés, idéaux, etc.) que des familles ou des individus. Elles opèrent dans un espace duel, pris dans une temporalité inconsciente, dans un conflit incessant. L'indépendance face à ces projections s'obtient par un travail d'introspection nous renvoie à l'essentiel, vers nous-même.

5
Face aux nécessités transférentielles

Après avoir présenté la nécessité transférentielle, à l'origine des transmissions transgénérationnelles, analysons maintenant la problématique du point de vue des héritiers.

Chez le récipiendaire, celui qui se situe en « aval » des transmissions, toutes sortes de réactions sont possibles. Face aux nécessités transférentielles, nous développons parfois des compétences pour les intégrer. Mais lorsque nous n'y parvenons pas, des mécanismes de défense se mettent alors en place. Ces réactions défensives ne libèrent pas du problème et, sur la durée, elles aliènent la personne. Deux formes extrêmes de réactions défensives peuvent être identifiées, que je propose de nommer : *style nirvâna* et *Persona*.

Le style nirvâna

Le *style nirvâna* rend compte de cette tendance à rejouer les histoires non terminées, à les mettre en scène, comme une sorte de passage à l'acte inconscient. Secrets, non-dits, événements honteux, impensables, drames affectifs, ou encore un manque d'interlocution, sont autant d'éléments que le *style nirvâna* peut rejouer de manière inconsciente et souvent à son corps défendant.

Engagée dans un travail d'intégration transgénérationnelle, Valérie me raconte un souvenir qui correspond à ma définition du style nirvâna. Alors qu'elle se représentait ce qu'avait été l'enfance de sa mère et la vie de ses grand-parents arméniens à la suite du génocide, lorsqu'ils durent vivre sous le régime communiste Russe, elle se rappela soudainement d'un épisode étonnant de sa petite enfance. Au cours d'une sortie dominicale avec ses parents sur la promenade des Anglais à Nice, elle commence à pleurer lorsqu'elle aperçoit deux policiers en uniforme. Attendris, et pour essayer de la calmer, ceux-ci s'approchent d'elle qui hurle et les traite « d'assassins ! ». Aujourd'hui, et avec le recul, Valérie comprend qu'à ce moment-là, la petite fille de quatre ans qu'elle était à l'époque avait exprimé une émotion et une rage en lien avec les histoires non terminées de ses grands-parents, de sa mère et de toute une communauté opprimée par des hommes en uniformes.

Françoise Dolto rapporte une situation qui montre bien de quelle manière une fillette, par ses actes, rejouait un événement non intégré par ses parents. Ceux-ci étaient venus la consulter parce que leur fille ne parlait plus depuis plusieurs années. Au cours de l'entretien, Dolto interpréta le jeu de la fillette qui, à plusieurs reprises, fit glisser une poupée abîmée du giron de sa mère. Elle demanda aux parents si, comme le mimait l'enfant avec la poupée, la mère n'aurait pas eu une fausse couche depuis la naissance de leur fille. Face à la surprise des parents, la psychanalyste expliqua qu'elle ne faisait que traduire l'action de leur fille qui mimait une fausse couche. Acceptant de rompre le silence, les parents parlèrent de cet événement tenu secret. Ce faisant, ils délivrèrent leur fille du poids de leur propre nécessité transférentielle, ce qui la fit immédiatement sortir du mutisme dans lequel elle s'était enfermée ! Bel exemple de *style nirvâna* : en mimant spontanément la fausse couche de sa mère, la fillette représentait, à défaut de pouvoir en parler, un vécu non intégré par ses parents. À partir du moment où les parents acceptèrent d'assumer leur vécu en parole, l'enfant fut libéré du poids de la projection parentale inconsciente à l'origine de son mutisme.

Guy Ausloos présente un autre exemple qui montre comment le style nirvâna rejoue des histoires non terminées, pour qu'on en parle enfin. « J'aimerais illustrer cela par un exemple pris dans une famille dont l'enfant avait un goût assez rare pour le sang et pour les armes qu'il collectionnait volontiers. Il trouvait un exutoire à son besoin de violence en manifestant un certain sadisme envers les animaux. Devenu adolescent, il décide d'entrer en apprentissage comme équarrisseur dans un abattoir. Un soir, il agresse dans les toilettes d'un café, avec l'un des couteaux de sa collection, un homme de cinquante ans et lui demande de l'argent. L'homme s'échappe, téléphone à la police tandis que l'adolescent, de son côté, fait de même. Lorsque les policiers arrivent, il prétend qu'il a été agressé sexuellement. Mais sa version ne tient pas, il se contredit et le juge le met en détention provisoire. La famille est convoquée et prise en charge par une équipe de thérapeutes familiaux. Après deux ou trois entretiens, les parents se plaignent de ne pouvoir être entendus seuls, car « ils ont à dire des choses qu'ils ne peuvent pas dire devant les enfants. » Et le père raconte : son propre père pendant la guerre de quarante a tué un soldat allemand. C'était un crime presque gratuit, résultat d'une période troublée où les gens se prenaient pour des résistants en abattant un soldat ennemi. Les conséquences de ces meurtres étaient souvent graves et se traduisaient par des prises d'otages suivies d'exécutions. Là où l'histoire de cette famille devient dramatique, c'est que cet homme a été dénoncé par son propre père, dans le but sans doute d'éviter cette prise d'otages. Il est envoyé en camp de concentration et son fils est élevé par le grand-père. Entre l'aïeul et le petit-fils s'échangent des ressentiments, une haine inassouvie, une atmosphère de violence et de sadisme complètement inhibés, maîtrisés. L'arrière-petit-fils, l'adolescent en question, a hérité de cette violence, et, lorsqu'il agresse un homme, c'est un homme de cinquante ans, comme si magiquement, symboliquement, il faisait à la place de son père ce que celui-ci n'avait pas fait à son propre grand-père.»[55]

---

[55] Guy Ausloos (1980), « Œdipe et sa famille, ou les secrets sont faits pour être agis », dans *Dialogue*, n°70, AFCCC, Paris.

Il aura donc fallu que cet adolescent passe à l'acte pour que ses parents acceptent de parler de ces événements dramatiques non intégrés. Par son *style nirvâna* ce jeune homme exprime son aliénation, le poids de la nécessité transférentielle de ses parents.

De la même manière, certains épisodes de la vie d'Arthur Rimbaud traduisent des formes d'aliénations qu'il exprime aussi par son *style nirvâna*. Alain de Mijolla[56] observe en particulier de quelle manière le souvenir du père hante le poète. Celui-ci disait fuir la police militaire, se croyant déserteur du 47e régiment d'infanterie ; or il n'a jamais été militaire et le 47e régiment était celui de son père.

Dans son livre, *Un secret*, Philippe Grimbert[57] explique comment, pendant son enfance, lui-même avait pris l'habitude de mettre les couverts pour un invité imaginaire, sans se douter à l'époque que ses parents avaient perdu un premier garçon, dont le deuil ne s'était pas fait.

Des passages à l'acte, ainsi que les cas de psychose, ou « états limites », souvent inexplicables, sont aussi susceptibles de dévoiler des héritages transgénérationnels inconscients. Didier Dumas observe que « les enfants psychotiques semblent avoir pour mission de réparer inlassablement le passé généalogique de leur famille. Ce sont d'incomparables explorateurs de l'inconscient transgénérationnel. Les enfants psychotiques expriment

---

[56] Alain de Mijolla (1981), *Les visiteurs du moi*, Les Belles Lettres, Paris.
[57] Philippe Grimbert (2005), *Un secret*, Le livre de poche, Paris.

ou racontent des choses qu'a priori personne ne comprend. Or, lorsqu'on les écoute sérieusement, on s'aperçoit que l'on ne comprend pas, qu'en fait, ils explorent le passé familial qui a fait d'eux ce qu'ils sont. C'est comme s'ils utilisaient le plus clair de leur temps à circuler dans l'inconscient de leur mère, à la recherche de ses amours perdues : les grands-mères, les grands-pères ou les grands-tantes, dont elle, ou sa propre mère, n'a jamais pu porter le deuil. Les autistes dénoncent, par leur existence, des silences mensongers. Ils assument, sans que personne ne s'en rende compte dans la famille, tout ce que les autres ne peuvent ni penser ni dire. Par leur mutisme, ils protègent leurs parents de vérités trop douloureuses. La psychose est donc, sous cet angle, un destin de descendant sacrificiel, une preuve, s'il y en a besoin d'une, que ce que j'appelle le cannibalisme familial existe bel et bien. Et sans l'analyse du généalogique, on ne comprend rien à cette dimension radicalement inconsciente de la dévoration mentale. »[58]

Les origines transgénérationnelles des aliénations dites « psychotiques » nous permettent de découvrir et de donner un sens aux symptômes, et, partant, d'envisager une intégration. Mais elles nous renseignent également sur le fonctionnement général du *style nirvâna*, lequel n'est pas réservé aux manifestations psychotiques ni aux masochistes puisqu'il peut apparaître chez tout un chacun de manière épisodique et en fonction de certaines circonstances, par exemple sous l'effet de l'alcool,

---

[58] Nina Canault, *Comment paye-t-on les fautes de ses ancêtres ? L'inconscient transgénérationnel*, Desclée de Brouwer, Paris.

de stupéfiants ou de médicaments. Le style nirvâna s'observe aussi chez celles et ceux qui, répondant aux normes familiales et collectives, se coulent dans un moule au nom de la « normalité ». Ils peuvent ainsi fonder des familles et s'engager dans des vies apparemment idéales, sans s'interroger sur eux-mêmes et sur leurs propres désirs, sans être véritablement eux-mêmes présents.

Style nirvana et créativité

Auteur de nombreux contes pour enfants, Charles Perrault se confronte aussi à plusieurs deuils gelés dans sa famille, s'agissant notamment d'une sœur aînée et d'un frère jumeau. Sans le vouloir délibérément, il reproduit les lacunes familiales entre les lignes de ses écrits. Par exemple, dans *La Belle au bois dormant*, il est question de l'arrivée incongrue d'une vieille sorcière, au moment où les bonnes fées sont réunies autour du berceau d'un nouveau-né. Nicolas Abraham et Maria Torok ont montré que ce genre d'événement correspondait, pour le psychisme, au retour du fantôme lors de deuils non intégrés. Selon Denise Morel[59], la crypte qui abrite les deuils non faits condense plusieurs morts, et sur plusieurs générations : « Non seulement, Charles Perrault a fait référence à son jumeau mort à six mois, à sa sœur Marie, seule fille de la fratrie, morte à treize ans, mais certainement aussi à des morts qui ont marqué la vie de

---

59 Denise Morel (2015), « Les fantômes de la famille Perrault », dans *Le transgénérationnel dans la vie des célébrités*, ouvrage collectif, Editions Ecodition, Genève.

ses parents aux générations précédentes, et dont le deuil n'a pu être suffisamment élaboré. [...] Cette crypte apparaît symboliquement dans le conte, sous la forme de ce lieu clos inaccessible, où la jeune princesse se trouve endormie pour cent ans ! Perrault note bien que le « roi et la reine, après avoir baisé leur chère enfant sans qu'elle s'éveillât, sortirent du château et firent publier des défenses à qui que ce fût d'en approcher. Ces défenses n'étaient pas nécessaires, car il crût, en un quart d'heure, tout autour du parc, une si grande quantité d'arbres, de ronces et d'épines entrelacées les unes dans les autres, que ni bête ni homme n'y auraient pu passer. [...] Tous les enfants Perrault, aussi curieux et avides de savoir les uns que les autres, assez tourmentés, n'eurent sans doute pas besoin que leurs parents leur défendent explicitement d'aller explorer ces régions obscures de l'histoire familiale, car dans cette famille comme dans beaucoup d'autres, les cryptes impénétrables se font sentir par toutes sortes de symptômes. »

Que ce soit sous une forme symptomatique, ou artistique, ou les deux, ces multiples manières de remettre en scène des héritages transgénérationnels sont l'œuvre de ce que je nomme un *style nirvâna*, où le sujet reste prisonnier de ses aliénations, intimement liées aux histoires non terminées de ses ancêtres. Sans même s'en douter, à travers ses conduites, il cherche à faire reconnaître les histoires non terminées avec lesquelles il se débat. En même temps, il cherche aussi à se faire reconnaître lui-même, en tant que sujet tapis dans l'ombre de ses aliénations.

Les secrets de famille suintent entre les lignes des livres aussi. Ainsi, Serge Tisseron[60] a reconnu la présence d'un secret de famille dans l'œuvre d'Hergé. L'analyse des célèbres bandes dessinées *Tintin*, le double patronyme des Dupont et Dupond, la présence d'une Castafiore qui oublie systématiquement le nom du capitaine Haddock, sont quelques-unes des particularités qui ont permis de mettre le doigt sur un secret dans la filiation paternelle de l'auteur, Hergé. « Il y a en effet dans "Tintin" beaucoup de choses étranges : la ressemblance de Dupond et Dupont, qui ne sont pourtant pas frères ; la transformation de Haddock au fil des albums ; le dénouement pratiquement incompréhensible de certaines histoires, comme "le Trésor de Rackham le Rouge"... En étudiant toutes ces bizarreries, j'ai finalement acquis la conviction qu'une seconde histoire secrète courait derrière le déroulé "officiel" des personnages de Hergé, et que ce mystère masquait les souffrances d'un garçon né de père inconnu, mais illustre. »

« Quand j'ai émis cette hypothèse, en 1981, on ne savait rien de la vie de Hergé. Tout cela aurait pu rester sans suite, mais des journalistes ont découvert, quelques années plus tard, que ce secret avait vraiment existé dans la famille de Hergé ! Son père, Alexis Remi, était, en effet, né de père inconnu, mais d'origine probablement illustre ! En plus, la réalité révélait grand nombre de rebondissements : le père de Hergé avait un frère jumeau, Léon, et tous deux – élevés au sein d'une modeste

---

[60] Serge Tisseron (1992), *Tintin et les secrets de famille*, Aubier, Paris.

famille – avaient eu leurs études et leurs vêtements offerts par une comtesse vivant dans un véritable château ! » Serge Tisseron explique que dans les livres de Hergé, les Dupond(t) représentent le père et l'oncle de Hergé, Alexis et Léon. Ils sont enquêteurs, comme à la recherche d'une vérité qui leur échappe systématiquement, comme un fils peut inconsciemment être à la recherche de son père biologique. C'est la Castafiore qui garde un secret, qu'elle refuse de dévoiler. Serge Tisseron précise : « La Castafiore parle sans arrêt pour ne rien dire, comme tous ceux qui ne veulent pas risquer d'être interrogés sur un sujet délicat auquel ils ne veulent pas répondre. Elle répond toujours à côté. Or, justement, n'est-ce pas là ce que fait toute personne qui garde un secret et désire ne pas en parler ? Enfin, s'il y a bien un domaine particulier dans lequel elle s'entend à créer la confusion, c'est sur le nom du capitaine. Dans *l'Affaire Tournesol*, la Castafiore s'adresse à Tintin mais n'arrive pas à se souvenir du nom de Haddock : « Ah ! petit flatteur, vous êtes venu me féliciter de même que ce... ce pêcheur... Monsieur ?... Monsieur ? [...] Et dans un autre album, *Bijoux*, elle l'appelle successivement Kappock (p. 8), Koddack (p. 9), Mastock, Kosack (p. 10), Kolback, Karbock (p. 22), Karnack (p. 23), Hablock (p. 34), Maggock (p. 55), Medock et Kapstock (p. 56) ! »[61]

Cette célèbre analyse de Serge Tisseron montre de quelle manière les secrets de familles se répercutent chez ceux qui en héritent, en l'occurrence Hergé. Son

[61] Interview paru dans le journal *Psychologie* (avril 1999).

œuvre témoigne d'un profond désir de faire reconnaitre ces histoires non terminées pour s'en affranchir enfin.

Nous pouvons ainsi comprendre que certaines activités artistiques sont des tentatives d'élaborer des héritages transgénérationnels. La compulsion créative peut elle-même fonctionner comme défense face à la nécessité transférentielle d'autrui. Les besoins d'innover, de faire des découvertes, reflète un désir plus essentiel de dévoiler sur des vérités cachées. Quelles que soient ses manifestations le *style nirvâna* est une tentative du sujet inconscient qui cherche à s'émanciper de ses aliénations. Moins heureux et moins reconnus de leur vivant, nombre d'artistes illustrent cette tentative passionnée d'émancipation au travers d'une production artistique dont l'intensité égale la souffrance de n'être pas libérés des aliénations familiales, de n'être pas reconnus en tant que sujet. Par exemple, Vincent Van Gogh[62] et Camille Claudel[63] ont tenté, sans y parvenir, de surpasser l'aliénation provenant de parents qui n'avaient pu faire le deuil d'un précédent enfant décédé. Ces deux artistes ont inconsciemment lutté contre l'héritage de deuils non faits chez leurs parents, sans avoir pu découvrir l'origine de leurs aliénations. Les sculptures de Camille Claudel, son transfert sur Rodin (reproduisant l'aliénation du rapport à sa mère), son besoin de reconnaissance, son

---

[62] Alves-Périé Élisabeth (2015) « Les Van Gogh : des gens très bien », dans *Le transgénérationnel dans la vie des célébrités*, ouvrage collectif, Ecodition, Genève.

[63] Voir mon article, « Camille Claudel rattrapée par son héritage transgénérationnel » dans *Le transgénérationnel dans la vie des célébrités*, ouvrage collectif, 2015, Ecodition, Genève.

avortement, sont autant d'événements, qui pris dans le contexte général des liens familiaux, attestent de ses tentatives de signifier à sa mère le poids d'une nécessité transférentielle provenant du deuil non fait d'un premier fils idéalisé.

L'incompréhension que rencontrent les personnes créatrices révèle aussi les limites des possibilités d'intégration d'une collectivité. Et il n'est pas rare qu'une collectivité muselle le gêneur, par la censure[64], le bannissement, ou pire, en le supprimant, comme Socrate qui fut condamné à mort.

Le « principe de nirvâna »

Le *style nirvâna* est la partie visible d'un iceberg qui trempe en eaux profondes, dans un espace fusionnel potentiellement aliénant. Il dépend d'un « principe de nirvâna » archaïque mais également essentiel dans la mesure où il nous relie aux origines. Freud[65] a pointé ce « principe de nirvâna » comme étant une disposition naturelle, biologique et psychologique, à tendre vers une excitation moindre. Il évoque à ce propos un fantasme

---

[64] Voir ce qui arrive aujourd'hui aux « lanceurs d'alerte », parfois obligés de se tenir à résidence face aux multiples menaces dont ils font l'objet.

[65] Freud voit dans le nirvâna une absence d'excitation : « On sait que nous avons reconnu dans la tendance à la réduction, à la constance, à la suppression de la tension d'excitation interne, la tendance dominante de la vie psychique et peut-être de la vie nerveuse en général (principe de Nirvâna, selon une expression de Barbara Low). » Sigmund Freud (1920), « Au-delà du principe de plaisir », dans *Essais de psychanalyse* (1981), Payot, Paris, p.104.

de retour vers des origines intra-utérines, doublé d'un sentiment de bien-être « océanique ».

Comme je l'ai présenté dans les exemples qui précèdent, l'enfant qui répond aux besoins de sa mère (sans en avoir conscience) reste dans un espace fusionnel. Il ne se pense pas comme sujet, mais comme partie d'un tout qui prédomine la conscience qu'il pourrait avoir de lui-même. Le terme « nirvâna » me paraît approprié pour rendre compte de cette ignorance de soi qui néanmoins pacifie son rapport aux origines, à commencer par son rapport à ses parents. Avec Michel Richard, il faut ici rappeler la notion de « scène primale » des psychanalystes. Lorsque « dans la vie d'un enfant, l'humiliation, la privation, le refus s'additionnent pour donner la prise de conscience suivante : « *je n'ai aucun espoir d'être aimé pour ce que je suis* ». À ce moment l'enfant glisse dans la névrose, car il se met à se comporter comme ses parents ou autrui l'exigent et non pas en fonction de ce qu'il désire lui. »[66]

Il est ainsi possible de comprendre ce qui amène une personne, ou un enfant, à assumer la « nécessité transférentielle » d'autrui, par exemple de ses parents. Endosser une telle charge c'est servir d'écran pour que la personne qui souffre d'un conflit non intégré puisse le projeter et s'en trouver apaisée. Autrement dit, lorsqu'une nécessité transférentielle trouve une occasion de se projeter, les conflits inconscients sont soula-

---

[66] Michel Richard, (1998), *Les courants de la psychologie*, Chroniques Sociales, Lyon, p. 168.

gés et les symptômes amoindris, ce qui améliore la qualité des relations avec l'entourage. Mais, une fois ce type de relation transférentielle instaurée, il n'y a plus de place pour l'individualisation de celui qui sert les besoins de la nécessité transférentielle. Il reste l'otage d'une relation aliénante. L'abnégation de soi qui permet une relation moins conflictuelle, devient à terme une source d'aliénation. Le *style nirvâna* trouve ici son origine, faire primer le bien-être d'une relation au détriment de sa propre personne, dans l'espoir rarement satisfait d'être un jour déchargé de cette fonction. Sándor Ferenczi[67] avait bien analysé ce genre de dynamique, reconnaissant que « La peur [...] transforme pour ainsi dire les enfants en psychiatres ».

L'intégration du style nirvâna

L'intégration du *style nirvâna* nécessite une interprétation de ce qui est signifié derrière certains comportements, passages à l'acte ou autres manifestations symptomatiques. La personne cesse de s'identifier à ses questionnements, symptômes aux autres passages à l'acte, lorsque ceux-ci sont découverts chez d'autres personnes de l'entourage, proches, ainsi que chez les aïeux. La possibilité d'en parler peut engager une élaboration qui permet progressivement de différencier le sujet en soi de ses aliénations.

Voici un exemple qui rend compte d'une différenciation (style nirvâna/sujet) se manifestant à travers des

---

[67] Sándor Ferenczi, *Psychanalyse*, IV, Payot, 1982, Paris, p. 133.

rêves. Paul vient consulter à cause d'importantes insomnies, de la fatigue due au manque de sommeil, d'une souffrance de l'âme avec ses questionnements existentiels. Serait-il plus heureux dans une relation avec un de ces hommes, apparemment « gentils » et bien compréhensifs ? En clarifiant l'histoire de ses aïeux, nous découvrons à quel point la représentation des hommes et de l'hétérosexualité est négative dans sa branche maternelle. Lorsqu'elles étaient jeunes, sa grand-mère et la sœur celle-ci avaient été abusées par un membre de la famille sans que cela ait vraiment été dit ou reconnu. Cette même grand-mère aura aussi caché à sa fille ainée (Joelle, la sœur ainée de la mère de Paul) la véritable identité de son père biologique. Elle se marie rapidement et imposera le silence à son mari. Par son refus de nommer l'homme qui est le père de sa fille ainée, elle engendre un secret qui va peser sur toute la famille. La relation faussée avec son « père » est-elle responsable de l'homosexualité de Joelle ? Quoiqu'il en soit, elle en restera prisonnière puisqu'elle décèdera jeune d'un cancer sans avoir pu accéder à la vérité sur ses origines. La deuxième sœur souffre aussi du secret de famille, et se suicidera comme pour rejoindre sa sœur ainée. Ce n'est que bien plus tard que la grand-mère partagera son secret avec ses autres enfants (dont la mère de Paul). Plus tard, lorsque les parents de Paul divorcent, c'est encore et toujours la représentation de l'homme (et du père) qui en prend un coup.

La clarification des histoires non dites de ses aïeux permettra quelques prises de conscience sur ses héritages transgénérationnels inconscients. Des rêves viennent soutenir un profond travail d'intégration, ou de désaliénation. En particulier, Paul me raconte deux rêves significatifs : « J'ai rêvé qu'un ami proche me faisait la confidence d'être gai. Je lui demandais pourquoi est-ce qu'il s'était marié alors, il me répondit que c'était justement la parfaite couverture, personne ainsi ne se douterait de sa réelle identité sexuelle. J'éprouvai alors un soulagement, je comprenais enfin pourquoi ça m'était passé par la tête. En fait j'avais pris ses propres questionnements et les lui avait rejoués en face de lui, ça n'était donc pas mes questionnements que j'avais eu ces dernières années. »

La même nuit, un deuxième rêve associe la thématique des insomnies avec la grand-mère maternelle : « Je suis avec une amie d'enfance (un de mes amours d'enfance que j'ai revu dernièrement), je lui dit que je ne suis plus avec ma compagne, qu'on a rompu, elle se réjouit de cette nouvelle pour moi (et peut-être se réjouit-elle aussi que l'on puisse avoir maintenant une relation). Nous nous retrouvons dans une sorte de magasin avec un lit dans un coin, nous nous y installons, je l'étreins, elle me dit que je suis tout doux, ça me fait du bien de sentir ses belles formes et sa peau douce. Je sens qu'il y a quelque chose de joyeux entre nous. Plus tard lorsque nous parlons de dormir, elle me dit qu'elle fait des insomnies, je me dis alors que d'aller chez ma grand-mère maternelle ne serait pas une bonne idée vu qu'il n'y a qu'un petit lit, je vais mal dormir si elle fait des insomnies et bouge pendant la nuit. Là aussi je suis soulagé, ce n'est pas moi qui ai des insomnies mais quelqu'un d'autre. » Comme Paul l'analyse lui-même, ces rêves parlent d'une différenciation entre lui-même (le sujet en lui) et ces « autres » (ses aliénations) - qui ne sont pas sans liens avec les histoires non terminées de ses aïeux. Une différenciation qui reflète un processus d'intégration des nécessités transférentielles de son entourage, au lieu de les rejouer à son corps défendant, à la manière du style nirvâna.

Nicolas Abraham et Maria Torok présentent un exemple d'interprétation d'une conduite apparemment inexplicable qui va également permettre de différencier le sujet de son aliénation. « L'un de nous a analysé un garçon qui "portait" ainsi sa sœur de deux ans son aînée, sœur qui, avant de mourir vers l'âge de huit ans, l'avait "séduit". Quand le garçon eut atteint la puberté, il alla voler dans les magasins des dessous féminins. Plusieurs années de relation analytique et un lapsus providentiel - où il énonçait pour son propre âge celui que sa sœur aurait dû avoir si elle avait vécu - permirent de reconstituer la situation intérieure et le motif de sa "kleptomanie" : "Oui, dit-il, pour expliquer ses vols, à quatorze ans elle aurait eu besoin de soutien-gorge". La crypte de ce garçon abritait la fillette "vivante" dont il suivait inconsciemment la maturation. Cet exemple montre bien pourquoi l'introjection de la perte était impossible et comment l'incorporation de l'objet perdu devint pour ce garçon le seul mode d'une réparation narcissique. »[68]

Bien que les termes employés par ces auteurs diffèrent quelque peu de mes formulations, cette situation montre bien que les vols de sous-vêtements féminins « parlaient » d'un deuil non fait de sa sœur. En se conduisant comme l'aurait fait sa sœur adolescente si elle n'était pas décédée, son style nirvâna met en scène une vérité sur l'origine de son aliénation. Philippe Grimbert[69] aussi, raconte de quelle manière un héritage transgénérationnel inconscient aura poussé un adulte à acheter une robe d'enfant sans aucun motif rationnel.

La persona

Face aux nécessités transférentielles, il y a bien entendu d'autres manières de réagir. J'emprunterai au vocabulaire classique le terme de *persona* pour définir une forme d'aliénation transgénérationnelle qui se situe aux antipodes du *style nirvâna*. Alors que le *style nirvâna* est pris dans une relation fusionnelle, la *persona* se coupe de la relation, mais aussi d'une part d'elle, c'est-à-dire du sujet en elle. La coupure qu'opère une persona n'est donc pas sans conséquences. Si elle met un terme à la relation conflictuelle, elle ne fait que de la déplacer

---

[68] Nicolas Abraham et Maria Torok (1987), *L'écorce et le noyau*, Flammarion, Paris, p. 265.
[69] Philippe Grimbert (2001), *La petite robe de Paul*, Grasset & Flasquelle, Paris.

pour la projeter vers l'extérieur. De cette manière, la relation conflictuelle au parent devient la source d'une nouvelle nécessité transférentielle chez l'enfant qui la projettera sur un tiers. Les manques d'intégration se propagent ici comme dans un jeu de domino, à l'image de ces brimades qui se transmettent des chefs aux subalternes dans les organisations hiérarchiques.

Étymologiquement, le mot *persona*, signifie un masque de théâtre, ainsi que le « rôle attribué à un masque ». Le masque sépare non seulement l'impersonnel de l'authentique, mais il travestit également la manifestation du vivant, c'est-à-dire les mouvements du visage, pour substituer à celui-ci une apparence fixe, un temps arrêté, comme mort. Ici, l'écorce se substitue au noyau. L'origine du mot *persona* souligne cette tendance à désinvestir le sujet en soi et, avec lui, ses compétences en matière d'intégration.

Jung[70] avait déjà employé ce terme pour rendre compte de l'influence de la « psyché collective » sur l'individu. Il avait présenté la *persona* comme une sorte de greffe ajoutée au sujet authentique. Au lieu de la faire dériver d'un inconscient collectif, je propose d'y voir une forme d'aliénation, qui peut être autant familiale, collective que culturelle. À l'image du *surmoi* considéré comme une entité venue se greffer sur le noyau pur du psychisme de l'enfant, la *persona* est une forme d'aliénation plus générale. En plus d'être le fruit d'une influence collective, elle peut aussi, et plus simplement,

[70] Carl Gustav Jung (1964), *Dialectique du Moi et de l'inconscient*, Gallimard, Paris.

provenir d'une aliénation plus spécifiquement familiale, et même à partir du cadre restreint d'une relation à deux, par exemple entre une mère et son enfant.

Face à une nécessité transférentielle qu'elle n'intègre pas, la *persona* va donc à son tour générer une nouvelle nécessité transférentielle, et même l'amplifier. De cette manière, la *persona* contribue à perpétuer les manques d'intégration ainsi qu'à en complexifier la restauration. À l'échelle collective, cette systématisation du transfert, d'une génération à l'autre, peut prendre une forme culturelle, patriarcale par exemple. Dans son analyse des diverses formes de développement de la personnalité, Jung écrit que « Les possibilités de développements décrites dans les chapitres précédents sont, au fond, à y regarder de près, autant d'*aliénations de soi-même*, à savoir de *dépersonnalisation* partielle, tantôt au profit d'un rôle extérieur, tantôt au bénéfice d'une importance imaginée ou imaginaire. »[71]

Pour rendre compte de ce qui peut interférer entre l'écorce et le noyau, entre le sujet en soi et la *persona*, la littérature spécialisée a employé les termes de « crypte » (pour les deuils non faits), de « fantasme d'incorporation », « d'inclusion », de « refoulement conservateur », ou de « zones clivées » pour désigner des variantes d'une fragmentation du psychisme. Celle qui caractérise la *persona* varie en fonction de plusieurs facteurs, notamment de l'amplification des héritages transgénération-

[71] Carl Gustav Jung (1964), *Dialectique du Moi et de l'inconscient,* Gallimard, Paris, pp. 115-116.

nels sur plusieurs générations. Ainsi les complexes névrotiques d'une génération peuvent aller jusqu'au recours du déni à la prochaine génération. Claude Béran et Dominique De Vargas[72] ont relevé cet aspect chez des pervers sexuels. Le peu de langage qu'ils parviennent à employer s'attachera à attribuer à un « autre en eux » les activités « inexplicables » dont ils se seraient rendus coupables. Il est d'ailleurs notoire que les abuseurs sont des personnes qui répercutent une maltraitance dont ils ont eux-mêmes été victimes. Ces dénis sont une forme de défense archaïque face à ce qui fait retour dans leurs destins. Ce faisant, ils déportent sur autrui leurs propres vécus insupportables, un penchant qui s'observe notamment chez les sadiques, les manipulateurs et les pervers.

La problématique la plus couramment déniée, ou en tous cas la plus commentée dans la littérature spécialisée concerne la différence sexuelle. Dénier la différence des sexes provoque le transfert de la problématique mis à charge d'autrui. Quand bien même il y a une observation visuelle de la différence sexuelle, tout se passe comme si cette réalité ne s'imprimait pas dans le psychisme, comme si cela restait vide de significations, même au niveau de sa propre identification sexuelle. La prise en compte des processus transgénérationnels apporte à cette énigme de nouveaux éléments de réponses. En effet, en associant cette inaptitude à intégrer la différence sexuelle avec une carence héritée de manière

[72] Claude Béran et Dominique De Vargas (2002), « Chronique d'une session de groupe avec des auteurs d'abus sexuels », dans *Psychiatrie et violence* n°12, Forensic, Paris.

transgénérationnelle, il devient possible de comprendre ce qui empêche une symbolisation opérante de cette réalité. Ainsi compris, le déni de la différence sexuelle est l'indice d'une lacune héritée de la génération précédente. Ceci explique pourquoi l'accès à l'hétérosexualité sera plus difficile pour les enfants dont les parents sont, souvent inconsciemment, en conflit avec leur propre identité sexuelle.

L'intégration de la persona

D'une manière générale, à l'inverse du *style nirvâna*, la *persona* ne souffre pas d'un manque de reconnaissance sociale, ou d'une mauvaise réputation. En revanche, sans même s'en douter, la *persona* souffre d'un oubli du sujet en elle. Un problème largement répandu, identifié par Freud comme une névrose collective, responsable du fameux « malaise dans la civilisation. »

À l'échelle culturelle en effet, la *persona* a fait sienne la nécessité transférentielle d'une collectivité. Il est donc logique que cette dernière offre en retour une certaine visibilité, notamment professionnelle. Mais cette adaptation peut-elle durablement se substituer au besoin d'approfondir le sens de son rapport au monde et de s'épanouir en tant que sujet ? Il faut ici comprendre que les symptômes dont elle souffre sont des appels à se remettre en cause pour retourner vers soi-même. La production de symptômes permet déjà une certaine individualisation de la *persona*, révélant quelque chose qui lui est propre et qui la distingue des autres[73]. Un processus d'humanisation est alors rendu possible, pour pallier la solitude psychologique dans laquelle les *persona* se sont inconsciemment enfermées.

Du fait de son fonctionnement défensif, la *persona* est programmée pour projeter ses manques d'intégration là où les apparences s'y prêtent le mieux. Le problème n'est pas reconnu comme le sien propre, mais comme étant toujours en dehors de soi, chez l'autre, dans son environnement, dans une partie de son corps, etc. Ainsi que nous l'avons vu dans la situation rapportée par Aldo Naouri, il peut s'agir, comme dérivatifs à un deuil difficile à faire, d'angoisses qu'une mère projette sur les symptômes insignifiants de son nouveau-né. En fait, c'est là un fonctionnement très courant et qui consiste à projeter hors de soi les raisons de ce qui ne va pas : un système social injuste, un coupable des malaises familiaux, une conjoncture économique difficile, un voisinage hostile, un climat trop chaud, etc. Bien évidemment, il est des réalités problématiques et même tragiques. Cependant, seuls ceux qui font autre chose que d'y projeter leurs propres conflits inconscients vont réellement parvenir à y remédier. Au contraire, les personnes qui ne font que transférer leurs difficultés non intégrées sur les problèmes actuels ne réussiront pas à les résoudre véritablement. Déléguer alentour ses problèmes revient à s'engager dans une spirale infernale, où

[73] C'est d'ailleurs à ce titre que les symptômes ne sauraient être durablement supprimés sans contrepartie significative.

les lacunes d'intégration vont grandissantes, entraînant un désinvestissement croissant du sujet en soi.

Le travail thérapeutique inverse la tendance à transférer les manques d'intégration. Salomon Sellam montre les conséquences positives pour une adolescente lorsque sa mère accepte de s'ouvrir et de parler de son monde intérieur. Cette adolescente était fascinée par le mouvement gothique. Elle s'habillait toujours en noir, se sentait incomprise de tout le monde, avait de la peine à l'école et avec ses camarades. En évoquant l'histoire familiale, la mère parle alors d'une interruption volontaire de grossesse (IVG) survenue avant la naissance de sa fille. « J'ai été marquée à vie : aucune humanité dans la clinique. J'avais l'impression d'avoir commis un meurtre au regard des pensées et des remarques du médecin. Je m'en suis mordu les doigts pendant longtemps. » Salomon Sellam explique que pendant qu'elle parlait, une vive émotion est apparue sous forme de trémulations du menton et de pleurs. Voyant cela, il lui a demandé de décrire ses pensées à cette période. « Dans ma tête, j'avais commis un meurtre et je voulais absolument le réparer. Ma fille est venue deux ans après l'IVG. J'avais ainsi l'impression d'avoir réparé cette faute et je n'en ai parlé à personne ». La prise de conscience du rapport entre cet événement jamais intégré et les difficultés de sa fille permet une ouverture. « J'ai toujours eu l'impression que mon premier enfant était toujours là à mes côtés. De ce fait, je n'ai jamais pu proposer une véritable place à ma fille. Pour moi, le premier était l'aîné et il était toujours vivant dans mes pensées. Je l'imaginai grandir et le voyais aller à l'école, faire du sport, faire des études, etc. Il était virtuel. Quelque mois plus tard, la mère raconte que sa fille « s'est faite plein de copines et a retrouvé sa joie de vivre. Mon mari et moi nous n'en revenons pas ! »[74]

Cet exemple montre qu'en acceptant de parler d'un vécu jusqu'ici non intégré, cette mère a émancipé sa fille du poids de sa nécessité transférentielle. En acceptant de tomber le masque, d'abandonner sa *persona*, elle libère sa fille d'un héritage que cette dernière mettait en scène à la manière du *style nirvâna* et qui l'empêchait de se développer normalement.

Synthèse

En définitive, chacun de nous pourrait être compris comme un mélange de *persona*, de *style nirvâna* et de sujet. Selon nos héritages transgénérationnels, notre entourage, les conditions actuelles et, en fonction du développement du sujet en nous, nous réagissons à nos vécus sans toujours pouvoir les traverser et les intégrer. Ainsi il n'est pas rare que, dans l'intimité, un individu se comporte selon le *style nirvâna* (affectivement ou sexuellement à la recherche de sa mère), alors que publiquement il affichera sa *persona*.

Le travail d'intégration va analyser les mises en scène du *style nirvâna* et les nécessités transférentielles

---

[74] Salomon Sellam (2007), *Le syndrome du gisant*, Bérangel, Saint-André-de-Sagonis, p.262-263.

de la *persona* pour décrypter leurs significations inconscientes. En redonnant la parole au sujet, derrière ses aliénations, un retour vers soi-même devient chose possible.

Résumé

Style nirvâna	Intégration	Persona
L'héritier met en scène l'histoire que l'on projette sur lui.	Le sujet en soi intègre la nécessité transférentielle en symbolisant la relation.	L'héritier désinvestit le sujet en lui et reprend à son compte l'usage du transfert.
Le *style nirvâna* est une tentative de s'en défendre en même temps qu'il préserve la relation aliénante.	Le sujet développe ses propres facultés d'intégration et d'émancipation.	La *persona* se développe au fur et à mesure des lacunes d'intégration. Elle perpétue la politique du transfert, perte du sujet en soi et du rapport authentique.
Créativité obsessionnelle au sein du *style nirvâna* sont significatifs d'un refus d'être identifié à la nécessité transférentielle d'autrui.	Cette émancipation passe par une symbolisation du transfert de l'autre.	La *persona* développe un discours impersonnel, mais partagé avec d'autres, et donc garant de son appartenance sociale.
	Le rapport à l'autre, une fois intégré, se manifeste sous la forme d'une symbolique opérante.	

6
L'intégration transgénérationnelle

Le travail d'intégration ne concerne pas seulement les héritages transgénérationnels inconscients. Il fait partie de nos compétences psychologiques, notamment pour donner du sens à nos expériences. En intégrant les événements qui jalonnent notre quotidien nous garantissons notre bon équilibre psychologique. Au contraire, lorsque nous n'y arrivons pas, c'est une histoire non terminée qui nous reste sur les bras. Et même si nous la refoulons ou l'oublions, elle reviendra sous forme de symptômes, se répétera, ou se transmettra aux prochaines générations.

L'intégration

Sorte de mise à jour continuelle de notre dialogue avec la vie, l'intégration est un travail psychologique aussi naturel que le fait de respirer ou de manger. Et contrairement à ce qui se dit volontiers dans certaines approches thérapeutiques, qui préconisent d'arrêter de penser, il conviendrait plutôt d'apprendre à penser véritablement. Penser est tout autre chose que de ruminer des mêmes idées en boucle. Apprendre à penser c'est aussi apprendre à ne pas penser. Pas besoin de dénigrer le travail de la pensée, nos questionnements, et autres recherches de vérité. Une fois les jugements, les explications impersonnelles, les stéréotypes et les préjugés dépassés, la vie de l'esprit est pleine d'idées, d'*insights* ou de prises de conscience qui rendent intelligibles nos vécus, qui ré-enchantent notre monde.

Plutôt que d'essayer de « ne plus y penser », il faudrait donc apprendre à penser véritablement, lire, s'offrir l'écoute et l'accompagnement d'un bon thérapeute, traditionnellement se chercher un maître à penser. Car les quêtes de vérité, avec leurs « prises de tête », sont à l'origine de toutes les découvertes, petites et grandes, qui ont marqué l'histoire de l'humanité, depuis l'invention de la roue jusqu'aux nouvelles technologies qui permettent, par exemple, de faire le tour du monde avec un avion solaire.

À l'instar des nouvelles idées qui se heurtent aux anciennes, les vérités sont confrontées à toutes sortes de résistances. Quel procès n'a-t-on pas fait à Galilée qui soutenait que la terre tournait autour du soleil (et non pas le contraire), ou avant lui à ceux qui pensaient qu'elle était ronde (et non plate) !

Dans *Philoctète*, Sophocle explique : « Un homme de bien doit dire la vérité et le souffrir sans s'offusquer ». Car bien entendu, lorsque l'on s'engage à clarifier les histoires de famille, il n'est pas rare de rencontrer d'énormes résistances, qui en décourageraient plus d'un. À terme, elles pourraient tuer la richesse et la symbolique de la pensée, la réduire au factuel et au politiquement correct, jusqu'à ne plus rien percevoir au-delà des apparences.

Le travail d'intégration se situe entre deux pôles : d'un côté une situation de départ qui interroge et pose problème et, de l'autre, sa symbolisation, synonyme d'un apprentissage achevé. Ces deux pôles définissent un espace de travail, le champ d'un possible développement personnel. Un espace qui voit grandir le sujet en soi au fur et à mesure qu'il intègre son vécu, qu'il réécrit son histoire et qu'il s'enracine dans le présent.

Du symptôme au symbole

Le travail d'intégration correspond donc à une transformation des symptômes en symboles. Une perspective qui s'accorde avec les définitions étymologiques des mots « symptôme[75] » et « symbole[76] ». Ceux-ci sont composés de deux parties ; la première, « sym » est identique alors que la seconde les différencie. La signification de la première partie (*sun*) désigne l'action de faire coïncider des événements ou de rassembler des objets. La seconde partie, pour sa part, signifie deux façons opposées de rassembler. Dans le mot symptôme, « pipto » signifie une action involontaire alors que « ballo », pour symbole, définit une action volontaire.

---

[75] Symptôme est formé de *sun*, « ensemble » et de *piptô* « tomber » signifiant la chute involontaire.
[76] Symbole en plus de « sun » est formé du verbe *ballo* « lancer » signifiant un acte volontaire de lancer ensemble, de faire aboutir au même point.

Dans un cas l'association est volontaire alors que dans l'autre cas elle est involontaire. Un symptôme, par exemple une phobie des souris, associe la peur à la vue du petit animal, association qui opère de manière involontaire, c'est-à-dire symptomatique. Et au contraire, les éléments volontairement assemblés confèrent au symbole sa richesse d'ensemble, son opérativité.

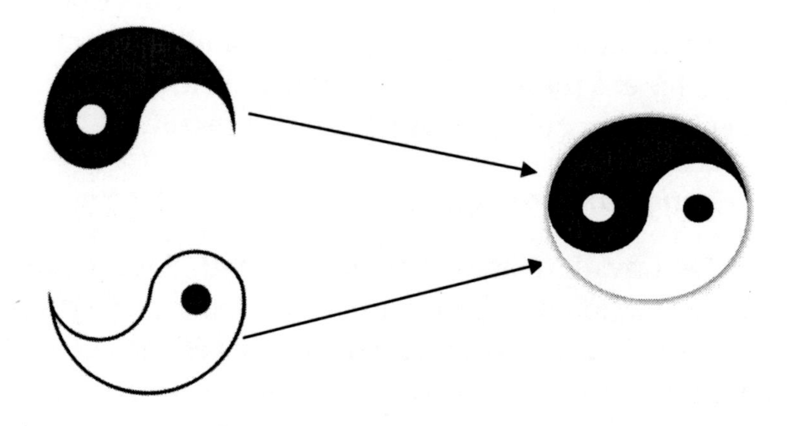

Agir à loisir sur les parties d'un tout, en les assemblant ou en les séparant, c'est donc faire preuve d'une symbolique opérante : par exemple avec des pendentifs en forme de deux demi-cœurs que les amoureux se partagent et qui, comme d'autres objets dans les temps ancestraux, désignent les liens unissant deux personnes, deux familles ou deux clans. Le Tao, qui représente l'union du « Ying » et du « Yang », est le symbole par excellence de la transcendance fertile et créatrice d'une rencontre entre le masculin et le féminin, l'unité des pôles complémentaires.

À l'opposé du travail d'intégration, il est intéressant de relever que le mot « diabolique » désigne pour sa part l'action volontaire de dissocier les éléments. Contrairement à « sun » qui signifie le rassemblement, « dia » signifie la désunion, le fait de faire obstacle et de séparer les éléments. Les secrets, non-dits et autres déformations ou manipulations de la réalité sont, littéralement, des actions « diaboliques » parfois inconsciemment employées, parfois de manière consciente et perverse, que le travail d'intégration cherchera à surmonter. Pour Didier Dumas, répétons-le, l'absence de parole dans les transmissions est une source d'aliénations transgénérationnelle. Ces manques de parole et de symbolisation agissent au contraire d'une fonction édificatrice et, de ce fait, aliènent les futures générations. Les « fautifs » seraient ceux qui refusent de parler, d'ouvrir leurs cœurs, qui ainsi cultivent ce « passé non passé » et le transmettent à leurs proches. Ils dissocient les sentiments éprouvés (refoulés ou déniés) des discours qui devraient les accompagner. Ce manque de cohérence[77] et d'authenticité caractérise les relations névrotiques et, plus gravement, perverses.

La transmission

Dérivé du latin filius, le mot « filiation » désigne habituellement un lien de parenté unissant un enfant à ses parents. Un lien qui peut tout aussi bien être biologique,

---

[77] Toutes les traditions spirituelles cultivent cette cohérence entre la pensée, la parole et le geste, garante d'harmonie.

anthropologique, juridique, psychologique que symbolique. Dans la perspective de l'intégration des héritages transgénérationnels, c'est bien entendu la dimension de la transmission symbolique, celle d'une fonction édificatrice parentale, ce « verbe » salutaire, qui retiendra notre attention.

Comme je l'ai déjà mentionné, la fonction parentale ne s'arrête pas à la procréation biologique, tant s'en faut. Elle suppose une participation à l'avènement du sujet dans l'enfant. Lecteur de la symbolique biblique, Didier Dumas insiste sur les vertus de la parole et l'impact des carences symboliques sur le destin des nouvelles générations, à commencer par Caïn et Abel. « Le tragique destin de ces deux premiers enfants n'a nulle autre cause qu'un lourd déficit de la parole, dû au fait que leurs parents ne les ont pas conçus sur le mode où Dieu les a créés, une première fois dans la parole et une seconde dans le corps. [...] En présentant l'homme comme un individu fabriqué en deux temps, la Bible propose, en effet, un modèle tout à fait précis de la conception de l'enfant. Il faut, dit-elle, le faire sur le mode où Dieu a conçu l'homme et la femme, en premier dans la parole et en second dans le corps. En d'autres termes elle explique que la conception d'un enfant est forcément double, mentale et corporelle, matérielle et immatérielle. [...] La psychanalyse le met tous les jours en lumière, les paroles et les fantasmes avec lesquels nos parents nous ont conçus marquent beaucoup plus ce que nous sommes que le coït dans lequel ils ont matérialisé ce désir. »

Cette lecture du rapport de filiation est doublement intéressante puisqu'il s'agit autant de donner naissance à un sujet chez l'enfant que de ne pas l'aliéner par ses héritages transgénérationnels. Étant donné que l'enfant dépend du « verbe » parental pour qu'advienne le sujet en lui, une démarche thérapeutique cherchera à restaurer ce « verbe » pour lui permettre d'intégrer ses héritages inconscients.

Une démarche holistique

Le travail d'intégration correspond également à une démarche holistique[78]. Ainsi, les émotions et tout ce qu'un vécu conflictuel peut provoquer sont impliqués dans le travail d'intégration. Et lorsqu'ils sont répétés, les échecs d'intégration exacerbent notre humeur, alors qu'au contraire, lorsque la signification d'un symptôme est trouvée il en résulte un regain d'énergie. Les gestalt-thérapeutes ont relevé cet impact émotionnel positif lors des prises de conscience, ou *insights*, qui jalonnent tout travail d'intégration.

De façon générale, l'intégration mobilise l'ensemble de la sphère psychoaffective, à savoir les émotions, l'intelligence, l'intuition, l'imaginaire, etc. D'ailleurs si l'on accepte la définition de l'intelligence comme une capacité à acquérir de nouvelles connaissances, l'intégration est une forme essentielle d'intelligence.

---

[78] Holistique vient du grec *holos*, qui signifie « le tout ». Une perspective holistique de l'être humain tient compte de ses dimensions physique, mentale, émotionnelle, familiale, sociale, culturelle, spirituelle.

Les dimensions inconscientes participent également au travail d'intégration. À leur manière, lapsus, rêves et fantasmes révèlent des besoins inconscients d'intégration. Pour Maria Torok[79] : « Si le rêve est appelé à juste titre la « voie royale » menant à la compréhension structurale du patient, on peut en dire autant, sinon plus, du fantasme qui, mieux qu'une simple compréhension, offre une occasion particulièrement propice pour provoquer une modification dynamique dans la cure. »

J'ai souvent pu vérifier l'importance des rêves et des fantasmes pour accéder aux significations des réalités inconscientes de mes clients. Par exemple, le récit des cauchemars d'un enfant venu en consultation m'avait permis de repérer très rapidement la présence d'un deuil non fait. Il m'avait d'abord rendu attentif à sa chaînette en or, héritée d'un grand-père, si importante qu'il ne devait jamais s'en séparer. Derrière cet objet cependant, se trouvait un grand-père dont le deuil ne se faisait pas. L'attitude de l'enfant vis-à-vis de cet objet et les fantômes omniprésents dans ses cauchemars traduisait sa position d'héritier d'un deuil non encore intégré par sa mère, et en voie de le devenir pour lui-même. Une fois l'origine de ses cauchemars ainsi démasquée, l'enfant commença à me parler des détails des circonstances du décès et de l'enterrement de son grand-père pour progressivement intégrer ces événements.

---

[79] Maria Torok, *Une vie avec la psychanalyse ; inédits et introuvables*, présentés par Nicholas Rand, Aubier, Paris, 2002, p. 87.

Didier Dumas donne aussi un exemple du rôle des rêves pour intégrer une aliénation transgénérationnelle inconsciente. Une femme le consultait depuis deux ans, incapable de reprendre une vie sexuelle après l'accouchement de son premier-né. Malgré son amour pour son mari, elle était saisie de panique au moindre contact physique. Il apparaissait clairement que son mari était devenu, avec l'arrivée de cet enfant, un « père intouchable ».

Cette situation sera dépassée grâce à l'analyse de ses cauchemars qui présentent des scènes de violence, où des nouveau-nés sont mis à mort. « Or cette cliente avait déjà exploré sa généalogie sur quatre générations sans qu'il y soit question d'un quelconque événement relié à des deuils non faits, ainsi que de tels symptômes le laissent habituellement supposer. Toujours dans la quête d'un éventuel secret de famille, ou de toute autre information significative, surgit une nouvelle découverte : « J'ai trouvé ! J'ai passé le week-end chez mes parents et j'ai trouvé ! J'ai à nouveau interrogé papa sur son enfance et j'ai appris quelque chose que j'ignorais totalement. Mon grand-père n'a pas été marié que deux fois, mais trois. Entre la mère de papa qui est morte du typhus et grand-maman, il y a eu tante Odile. Quelqu'un dont j'avais entendu parler, mais que je ne connaissais pas. Et comme tout le monde l'appelle tante Odile, je ne savais pas qu'elle avait été la deuxième femme de grand-papa. Leur mariage a duré trois ans, mais cette femme n'est jamais arrivée à mettre au monde un seul enfant vivant. D'après papa, elle aurait eu cinq bébés mort-nés. » « Et quel âge avait votre père ? » « Trois ou quatre ans. Grand-papa l'a très vite épousée après la mort de sa première femme. C'était la gouvernante des enfants. Il voulait redonner une mère à papa et à mes tantes. Leur liaison était même probablement antérieure à la mort de la mère de papa. »[80]

Didier Dumas explique : « Le rêve de Marie-Hélène s'éclairait soudain. Elle découvrait qu'elle était hantée par les terreurs infantiles d'un papa pour qui, l'on s'en doute, cette ribambelle de bébés morts ayant succédé à la disparition de sa mère, n'avait pas été une mince affaire. Elle comprenait pourquoi elle était, à l'encontre de toute logique, brusquement devenue phobique de l'homme qu'elle avait fait *papa*. » Autrement dit, la cliente de Didier Dumas exprimait par ses symptômes et ses cauchemars un héritage transgénérationnel se rapportant aux événements qui marquèrent la vie enfantine de son père. Une découverte essentielle qui lui permettra d'intégrer la difficulté qu'elle vivait dans son couple.

Une approche phénoménologique

Le travail d'intégration transgénérationnel n'est pas une question de croyance, d'explications, de renforcement de l'ego ou tout autre démarche à tendance dualiste. Il s'agit plutôt de traverser les choses, de les faire entrer dans le registre de son histoire, et, au passage, d'en tirer un enseignement. Cette confrontation directe avec les difficultés et les symptômes correspond à cette

[80] Didier Dumas (2000), *Et l'enfant créa le père,* Hachette Littérature, Paris, p. 143.

branche de la philosophie qui s'appelle la phénoménologie. Elle propose de ne pas fuir dans des abstractions, ou dans une pensée métaphysique, pour au contraire se situer dans l'instant présent d'une expérience forcément subjective, c'est-à-dire personnelle et unique.

L'intégration commence dans une actualité qui confronte, « ici et maintenant » une personne à son bagage inconscient. La répétition de symptômes, ou de situations incongrues, interpelle et réclame une attention particulière. Un passé non passé, toujours présent, renvoie à des situations qui n'avaient pas été intégrées et étaient entre-temps devenues inconscientes.

La présence d'héritages transgénérationnels inconscients est aussi synonyme d'une possibilité de se déconditionner de ce qui provient d'une lignée familiale. Lorsqu'une problématique est exacerbée, de nouvelles prises de consciences sont possibles. Les crises remettent sur le tapis ce qui manque d'avoir été intégré. Il s'agit alors de différencier ce qui relève de la manifestation d'un héritage transgénérationnel de ce qui relève du sujet lui-même[81]. Puisque c'est lui qui intégrera ses aliénations, il convient d'accorder la priorité au sujet en privilégiant l'instant présent, dans la relation ici et maintenant, ou encore au niveau de l'Être. C'est là que respire

---

[81] Comme la psychanalyse l'aura compris, il est contre-indiqué d'engager un travail de connaissance de soi si la demande n'émane pas de la partie saine de la personne, c'est-à-dire en rapport avec le sujet en elle. Raison pour laquelle ce ne sont pas, comme en psychiatrie, des patients qui viennent en consultation, mais des analysants, des clients, des apprentis, voir des candidats.

le sujet en nous, qu'il prend la mesure de ses aliénations et qu'il trouve les ressources pour les intégrer.

Cette attention portée à la présence comme lieu de prédilection du sujet en soi se retrouve dans de nombreux enseignements spirituels orientaux. Dans notre culture occidentale, la même approche de l'instant présent existe aussi, il s'agit justement de la phénoménologie[82]. C'est d'elle que nous tenons les formules du genre « je sens donc je suis », ou « ici et maintenant » qui ont foisonnées en réaction aux visions dualistes (corps-esprit). En vogue dans les années 1970-1990, les visionnaires de l'antipsychiatrie avaient trouvé avec la phénoménologie quelques références philosophiques pour asseoir la pertinence de leurs analyses.

Dans cette mouvance, Martin Heidegger[83] aura introduit la notion de « Dasein », qui signifie littéralement « être là ». Le sujet en soi correspond à certains égards au *Dasein* heideggérien que l'on retrouve dans les analyses de Ludwig Binswanger, le fondateur de la *Daseinanalyse*, une approche qui synthétise psychanalyse et phénoménologie. Heidegger a proposé de reprendre la question de l'être et de l'existence elle-même comme l'élément premier de toute chose. Il revient ainsi vers la philosophie présocratique qui accordait à l'être et à la vérité une place essentielle. Les anciens Grecs auxquels il se réfère employaient le mot *Aléthèia* pour désigner la

---

[82] Voir glossaire : Phénoménologie.

[83] Dont le destin ressemble sur certains points à celui d'Œdipe.

vérité pure, un mot qui signifie précisément le « non oubli »[84]. Le lecteur comprendra l'intérêt que peut revêtir une telle notion dans une perspective transgénérationnelle. Elle nous introduit à l'intemporalité de la psyché ainsi qu'au dévoilement du passé resté présent parce que non intégré.

L'approche phénoménologique pénètre cette dimension dans laquelle le sujet opère : le présent, ou l'*ipsé*[85] selon Binswanger. Citant Héraclite et Saint Augustin, Binswanger rappelle qu'avec l'*ipséité* de soi, il s'agit de se « chercher en soi » ou d'un « retour vers soi-même ».

Tout est là

Dans la mesure où les histoires non terminées de nos aïeux n'appartiennent pas au passé, mais qu'elles sont toujours représentées dans le présent, c'est aussi dans l'instant du présent que nous devons nous-mêmes nous situer et mobiliser cette partie de soi qui est elle aussi dans le présent : le sujet en soi.

Voici un exemple d'analyse transgénérationnelle qui illustre de quelle manière les difficultés vécues dans le présent peuvent refléter et éclairer une problématique inconsciente. À cause du comportement de son mari, fait entre autres de dépendance pour des prestations sexuelles tarifées, Catherine avait entamé une procédure de divorce. En même temps, elle fait un travail sur elle

---

[84] *Aléthèia* est formé de la particule « a » qui signifie la négation et *Thèia* qui signifie l'oubli, pour ensemble signifier le « non oubli ».
[85] *Ipsé* et *ipséité* : voir glossaire.

pour, autant que possible, être au clair. Lorsque nous analysons les histoires non terminées de ses ancêtres, les découvertes qu'elle va faire lui permettront de donner du sens aux épreuves qu'elle a traversées.

Pour commencer, elle comprend qu'elle avait endossé un rôle de mère en réparation de ce qui avait manqué chez ses aïeux, en particulier à son grand-père, puisque sa propre mère avait quitté le foyer pour suivre un artiste, raconte la légende. À cela s'ajoutent d'autres éléments qui lui permettent de mieux réaliser pourquoi elle s'était elle-même retrouvée dans le rôle d'une mère plutôt que dans celui d'une épouse. Son grand-père, médecin et maire bien-aimé de son village, s'était détourné de son épouse pour devenir le compagnon presque officiel d'une autre femme, sans toutefois avoir d'enfants avec elle. Il lui offrit une maison, qui devait revenir, selon un testament écrit par cette dernière (la compagne), à ses descendants à lui, c'est-à-dire à la mère de Catherine, puis à Catherine elle-même.

Ne s'étant pas interrogée auparavant plus avant quant à cet héritage et testament, Catherine, à travers ce travail d'analyse transgénérationnelle, en vient à se questionner d'autant que, dans sa propre procédure de divorce, elle se sentait lésée à propos du partage de la vente de la maison familiale. Osant pour la première fois approfondir les questions d'argent et d'héritage avec sa mère, Catherine découvre avec étonnement que celle-ci avait à peu près dilapidé l'argent provenant de la vente de plusieurs autres propriétés familiales ayant appartenu à sa grand-mère, épouse du grand-père en question. De plus, Catherine prend véritablement conscience que sa mère s'est totalement désintéressée de lui transmettre l'héritage que lui destinait son grand-père par le testament laissé par son autre compagne.

Avec cette clarification, le sentiment de Catherine de se faire gruger par son ex-mari trouvait une nouvelle explication. Parce que sa mère n'envisageait pas de respecter la volonté de son père et de transmettre cet héritage à sa fille, Catherine était, de fait, privée d'un patrimoine familial qui, dans l'esprit de son grand-père, lui était pourtant destiné.

Mais la suite des découvertes que fait Catherine est encore plus surprenante. À travers une discussion avec une connaissance commune de sa mère et d'elle-même, Catherine comprend que sa mère aurait, elle-aussi, entretenu des relations sexuelles tarifées, comme son ex-mari. L'argent dilapidé dans la sexualité et le fait d'avoir été grugée dans le partage/héritage financier des maisons, deux effets miroir qui reviennent à Catherine comme un boomerang ! Ce qu'elle a vu et vécu avec son ex-mari, elle le vit et le découvre aussi chez sa mère qui cachait bien son jeu.

Ainsi, grâce à la clarification de l'histoire de ses ancêtres, Catherine aura levé le voile sur la signification profonde des épreuves qu'elle a traversées avec son ex-mari. À partir de là elle peut reconsidérer son histoire et sa relation à sa mère sous un autre angle, plus lucide.

Présence de l'inconscient

Rien d'étonnant à ce que ce soit des psychanalystes formés en phénoménologie, Nicolas Abraham et Maria Torok[86], qui les premiers présentèrent des cas d'analyses transgénérationnelles. Pour eux, « Le premier rôle revient au *flux vivant du présent*. Il est polarisé entre deux protagonistes, le monde d'une part et l'Ego d'autre part. [...] *Dans ce flux, il n'y a qu'une unité de la coexistence.* [...] L'Ego lui-même vit dans l'aliénation. »[87]

Avec l'intégration transgénérationnelle, il s'agit de sortir du temps par plus de présence à soi-même, et certainement pas de vouloir aller plus loin dans le passé. Même s'ils échappent à notre conscience, nos héritages transgénérationnels des vécus refoulés ou déniés se rejouent nécessairement dans l'actualité de nos existences : « tout est là ».

Le credo freudien : là où *ça* est, *je* devrais advenir[88], n'est pas incompatible avec le travail d'intégration des héritages transgénérationnels. Nicolas Abraham insiste cependant sur la dimension du présent dans le travail analytique : « Le lieu véritable de la psychanalyse, ce n'est pas le temps, au sens du temps discontinu, ce n'est pas l'éternel, c'est le présent vivant, *lebendige*

---

[86] Nicolas Abraham et Maria Török (1987), *L'écorce et le noyau*, Flammarion, Paris.
[87] Nicolas Abraham (1985), *Rythmes, de la philosophie, de la psychanalyse de la poésie*, Flammarion, Paris, p.175.
[88] Pour une définition des trois instances, *Ça*, *Moi* et *Surmoi*, voir le glossaire.

Gegenwart, c'est-à-dire le présent à partir duquel se réanime tout le passé, tout l'étranger et l'avenir pensable. »[89]

Inspirées des pratiques traditionnelles africaines, les « constellations familiales » de Bert Hellinger se réclament elles aussi d'une approche phénoménologique. « Dans ce genre de thérapie, il s'agit de développer une attitude fondamentale particulière, l'attitude phénoménologique, caractérisée par le recueillement face à la réalité. Grâce à cette attitude, nous ne sommes plus tentés de manipuler la réalité qui se révèle, ni pour l'atténuer ni pour l'accentuer. »[90]

Pour Pierre Fédida[91] la phénoménologie propose de renoncer « à ce besoin passionné de tirer des conclusions, de se former une opinion, un jugement, inscrit en nous par notre formation intellectuelle et naturaliste. L'attitude phénoménologique commande d'y renoncer car elle demande de laisser la chose elle-même venir à la parole.»

La connaissance de son « Soi »

C'est également dans le présent que la connaissance de soi prend sa véritable signification. Pour bien le comprendre, il convient de différencier la connaissance *de*

---

[89] Nicolas Abraham (1999), *Rythmes ; de la philosophie, de la psychanalyse, de la poésie*, Aubier, Paris, p. 167.
[90] Bert Hellinger (2010), *À la découverte des constellations familiales*, Jouvence, Bernex-Genève.
[91] Pierre Fédida (1970), "Binswanger et l'impossibilité de conclure", préface de l'ouvrage *Ludwig Binswanger, analyse existentielle et psychanalyse freudienne*, Gallimard, Paris, p. 25.

soi de la connaissance *sur* soi. Dans ce dernier cas, il s'agit d'informations à propos de soi, perçues d'un point de vue extérieur ou soi-disant objectif. Une connaissance « sur » soi est toujours tributaire d'un discours positiviste qui use de représentations auxquelles il faudrait croire. La connaissance de soi – ou « connaissance du Soi » faudrait-il peut-être dire - est donc tout autre qu'une connaissance sur soi. Elle n'est pas abstraite, mais vivante, sensorielle, en lien avec ce qui est vécu dans l'ici et maintenant. Cette connaissance de soi est globale, rationnelle, irrationnelle, émotionnelle. Elle procède de l'existence elle-même, de l'*Être* plus que de l'*Avoir*.

La langue symbolique du sujet en soi

La connaissance de soi, ou du sujet en soi, passe aussi par l'apprentissage d'une langue universelle, symbolique. Ou plutôt par le désapprentissage d'une langue pour se rappeler celle de notre enfance. Au-delà de la simple sphère rationnelle, les messages symboliques que l'on trouve dans les mythes par exemple peuvent être compris de tous, même des enfants. Ces enseignements sont plus essentiels et plus universels que des exemples de thérapies transgénérationnels. Ils ne s'adressent pas seulement à la conscience rationnelle, mais ils mobilisent aussi notre imaginaire, nos émotions, et parlent directement à notre inconscient. Les mythes, qui présentent des histoires qui ne sont ni rationnelles, ni cohérentes du point de vue chronologique, parviennent pourtant à transmettre des messages qui opèrent à des niveaux plus profonds. Voilà pourquoi, ils sont aujourd'hui encore loués pour leurs valeurs pédagogiques, initiatiques et thérapeutiques.

Les discours symboliques éclairent parfois nos propres situations à un niveau plus profond que ne sauraient le faire des exemples de thérapie. Au-delà des croyances et autres explications, une difficulté, un symptôme, est symboliquement intégré lorsqu'il devient un acquis, une connaissance. Nous pénétrons alors la plénitude de l'esprit, au-delà des explications simplement rationnelles, vers des connaissances qui relèvent de la *psychologie des profondeurs*.

Accéder au symbolique c'est donc guérir et transcender la dualité corps-esprit. Au même titre qu'il faut un liant pour que la mayonnaise prenne, ou de la levure pour faire monter la pâte, l'accès au symbolique est un passage obligé en thérapie. C'est elle qui nous permet d'associer nos expériences quotidiennes à ce qui nous habite inconsciemment, par exemple les histoires non terminées de nos ancêtres.

La dimension symbolique possède un langage propre, dont le sens peut être compris, comme pour la langue des oiseaux[92], ou l'art d'interpréter les signes (l'herméneutique[93]), les rêves, etc. Pour simplifier, il est possible de dire que les symboles sont à cheval entre le

---

92 Voir *Le langage oublié, introduction à la compréhension des rêves, des contes et des mythes* de Erich Fromm, 2002, Payot.
93 L'herméneutique étant la science de l'interprétation des signes, d'une certaine manière, la psychologie des profondeurs est une pratique herméneutique.

visible et l'invisible, entre le conscient et l'inconscient. Ils fournissent des clefs pour ouvrir les portes de la psychologie des profondeurs. Comme l'inconscient, la dimension symbolique est intemporelle, d'une certaine manière elle est la face inverse des symptômes.

Notre patrimoine mythologique

Dans la mesure où ils nous introduisent à nos dimensions inconscientes, les sagesses et autres enseignements contenus dans la mythologie et dans les initiations traditionnelles sont une inépuisable source de connaissances.

Pour autant que nous ne soyons pas complètement clivés, imperméables à notre inconscient, nous pouvons méditer sur l'écho que ces messages trouvent en nous. Et ceux qui se passionnent pour ces enseignements ne sont plus les mêmes une fois qu'ils en ont fait le tour.

De façon générale, la mythologie transmet ses enseignements à celles et ceux qui écoutent sa langue symbolique. Les contes aussi possèdent cette qualité qui inspire la psyché, qui la vivifie, sans requérir d'y croire ou nécessiter d'explications. Bettelheim soulignait que « l'enfant a besoin de comprendre ce qui se passe dans son être conscient et, grâce à cela, de faire face également à ce qui se passe dans son inconscient. Il peut acquérir cette compréhension (qui l'aidera à lutter contre ses difficultés) non pas en apprenant rationnellement la nature et le contenu de l'inconscient, mais en se familiarisant avec lui, en brodant des rêves éveillés, en élaborant et en ruminant des fantasmes issus de certains éléments du conte qui correspondent aux pressions de son inconscient. En agissant ainsi, l'enfant transforme en fantasmes le contenu de son inconscient, ce qui lui permet de mieux lui faire face. C'est ici que l'on voit la valeur inégalée du conte de fées : il ouvre de nouvelles dimensions à l'imagination de l'enfant que celui-ci serait incapable de découvrir seul. Et, ce qui est encore plus important, la forme et la structure du conte de fées lui offrent des images qu'il peut incorporer à ses rêves éveillés et qui l'aident à mieux orienter sa vie. »[94]

La langue symbolique de la mythologie est une nourriture pour le sujet en soi. Elle est vivante et ainsi permet à l'esprit de respirer, d'interpréter, de dialoguer avec la vie. Comme l'explique Jean Humbert, les Grecs enchantèrent leurs récits, « Dans les bergers ils virent des satyres et des faunes ; dans les bergères, des nymphes ; dans les cavaliers, des centaures ; dans les héros, des demi-dieux ; dans les oranges, des pommes d'or ; un vaisseau à voiles devint un dragon ailé. Un orateur avait-il captivé ses compatriotes par les charmes de son éloquence, on prétendait qu'il avait apprivoisé les lions et rendu sensibles les rochers. Une femme qui avait perdu son époux passait-elle le reste de sa vie dans les pleurs, on la supposait changée en fontaine. La poésie anima ainsi toute la nature, et peupla le monde d'êtres fantastiques ; et comme le dit élégamment Boileau :

---

[94] Bruno Bettelheim, *Psychanalyse des contes de fées*, Robert Laffont, 1976, Paris, p. 21.

« Chaque vertu devient une divinité : *Minerve* est la prudence, et *Vénus* la beauté...Écho n'est plus un son qui dans l'air retentisse, c'est une *nymphe* en pleurs qui se plaint de Narcisse ». [...] Les Furies acharnées sur Oreste, le vautour qui ronge les entrailles de Prométhée, sont des tableaux frappants du remords ».[95]

[95] Jean Humbert (1847), *Mythologie grecque et romaine*, B. Duprat, Paris. pp. 264-266.

8
Un modèle holistique

Avec son mythe d'Œdipe, Sophocle a illustré les étapes d'un travail d'intégration qui transforme le symptôme (la peste) en un bienfait (la prospérité). Comme nous allons le voir, le modèle thérapeutique de Sophocle est aussi pertinent pour nous aujourd'hui qu'il l'était à l'époque.

Tout comme un grand-oncle, ou une grand-mère, peut assumer ce rôle de transmetteur de l'histoire familiale, Sophocle remplit donc une même fonction de transmission, mais à l'échelle culturelle. Vu les circonstances historiques il s'est retrouvé dans cette posture particulière d'être à cheval entre deux civilisations. En couchant par écrit certains savoir auparavant oralement transmis, il s'est fait le gardien des connaissances traditionnelles concernant les liens entre les générations.

Sophocle entre tradition et modernité

Pour écrire son mythe d'Œdipe, qui reste aujourd'hui encore un des plus grands chefs-d'œuvre du patrimoine antique, le célèbre dramaturge s'est appuyé sur sa science des lois transgénérationnelles. Mais personne jusqu'ici n'avait encore décelé (ni descellé) le modèle thérapeutique qui s'y trouve. C'est grâce à la redécouverte des phénomènes transgénérationnels que nous pouvons aujourd'hui comprendre toute la sagesse qui sous-tend le mythe d'Œdipe de Sophocle.

En présentant Œdipe comme victime d'un secret sur l'identité de ses véritables géniteurs, Sophocle montre d'abord les conséquences tragiques d'un tel secret de famille. Elles sont magistralement mises en scènes par Sophocle qui avertit de cette manière sur ce qui arrive lorsque l'on refuse de transmettre les histoires vraies. Mais il ne se contente pas de peindre le diable sur le mur. Son modèle est aussi, et même surtout, un modèle de guérison[96] puisqu'il termine son œuvre avec la garantie d'une prospérité retrouvée.

Sophocle dénoue la situation tragique parce qu'il connait les lois transgénérationnelles et qu'il organise son œuvre en fonction du problème d'origine qu'il ne perd pas de vue. La crise que traverse Œdipe devient alors guérisseuse, cathartique, puisque la découverte de ses véritables origines permettra à Œdipe de renaître pour devenir le bienfaiteur de la cité de Colone. En effet, une fois qu'il découvre la véritable identité de ses géniteurs, il pourra enfin advenir, ou renaître en tant que sujet. Autrement dit, la restauration du lien aux origines (grâce au rétablissement de la vérité sur l'identité de ses parents) lui permettra d'intégrer sa tragédie pour devenir ce héros garant de la prospérité de la ville de Colone.

[96] Une thématique que je développe dans *Sophocle thérapeute, la guérison d'Œdipe à Colone*, (Ecodition).

Et la transformation de la peste (au début d'*Œdipe-roi*) en prospérité (à la fin d'*Œdipe à Colone*) montre à quel point le propos de Sophocle est thérapeutique : la guérison d'Œdipe s'accompagne de la guérison de toute la communauté.

Sophocle au sommet de son art

Les grands tragédiens de la Grèce Antique, comme Sophocle, s'inscrivaient dans diverses traditions, initiatiques parfois, qu'ils transposaient dans leurs pièces de théâtre. Ils remplissaient une importante fonction de guides de la conscience collective. Leurs œuvres étaient jouées dans d'immenses amphithéâtres où toute la collectivité se retrouvait. Ils y traitaient des événements et des problèmes qui occupaient les esprits de leurs concitoyens. Des questions morales, religieuses, politiques, militaires, tout ce qui agitait les esprits pouvait faire l'objet d'une œuvre théâtrale. D'une certaine manière, le théâtre antique était une modernisation, de plus en plus laïque, des anciens rites et autres cérémonies collectives.

Chaque année les tragédiens étaient jugés sur la qualité de leurs œuvres et la pertinence de leurs messages. Le génie de Sophocle fut couronné à de nombreuses reprises (entre dix-huit et vingt-trois fois selon les sources, finissant deuxième les autres fois). Également nommé à d'importantes fonctions (administrateur du trésor de Délos, général, conseiller en charge de la cité), Sophocle était l'ami et le proche d'autres grands esprits de cette période faste. Ensemble, ils accoucheront d'un nouvel idéal de civilisation, plus démocratique.

Sophocle était autant un homme moderne de son époque qu'un homme respectueux des anciennes traditions notamment celles thérapeutiques. Les innombrables analyses de son œuvre n'insistent généralement pas suffisamment sur le fait qu'il faut inscrire Sophocle dans une lignée d'érudits et d'initiés qui associaient arts de la scène, thérapie, guérison et spiritualité. Le cloisonnement des disciplines académiques contemporaines fait que les hellénistes ne mesurent pas la portée psychologique et thérapeutique du travail de Sophocle, alors que pour leur part, les psychologues universitaires ne réalisent pas vraiment le potentiel pédagogique et thérapeutiques des sagesses traditionnelles.

Mais aujourd'hui, avec l'intérêt croissant pour les savoirs traditionnels, nous comprenons mieux la nature de ses enseignements, surtout dans cette période qui correspond à un apogée de la culture traditionnelle en Grèce. En réalité, la dimension thérapeutique est indissociable de la personne de Sophocle. De par sa filiation aussi, puisque son père et sa famille détenaient déjà le sacerdoce du dieu guérisseur Amynos. Pierre Vidal-Naquet explique que Sophocle était un « homme pieux, membre d'un groupe rendant un culte au héros-médecin, Amynos (le Secourable). »[97] Dans une perspective qui synthétise ses multiples qualités, il est aussi possible

---

[97] Pierre Vidal-Naquet (1994) « Œdipe à Athènes », dans *Œdipe et ses mythes*, avec Jean-Pierre Vernant, Edition Complexe, Paris.

de dire que Sophocle était un psycho-chamane[98] au sommet de son art, médiateur entre les mondes, entre celui traditionnel et celui moderne, entre le visible et l'invisible.

La tradition herméneutique, non duelle

Dans mon livre *Sophocle thérapeute*[99] je décrypte les éléments qui montrent à quel point Sophocle renouvelle une très ancienne tradition égyptienne. Partant de Thot-Hermès, passant par Hermès Trismégiste puis Asclépios jusqu'à Sophocle, la culture hermétique se retrouve jusque dans son œuvre sur Œdipe. Tradition présentée dans d'anciens textes, notamment le savant *Corpus Hermeticum*[100] qui prône le dépassement de toute dualité. Or précisément, dans son œuvre comme dans sa vie, Sophocle dépasse les dualités (qui opposaient les anciennes traditions à la nouvelle civilisation naissante à Athènes) pour respecter le principe d'unité originel, gage de prospérité, ou de fertilité. Sa dernière pièce, testamentaire, est consacrée à cette thématique. En effet, *Œdipe à Colone* s'achève avec cette garantie de prospérité qu'Œdipe offre à ses hôtes. Sa démarche est non duelle, elle restaure l'unité fertile si précieuse aux herméneutes. Ma relecture du mythe n'a pas manqué de me

---

[98] Voir mon article : « Sophocle psycho-chamane d'avant-garde », paru dans *Chamanisme, rapport aux ancêtres et intégration transgénérationnelle*, ouvrage collectif paru chez Ecodition.
[99] *Sophocle thérapeute, la guérison d'Œdipe à Colone*, 2013, Ecodition éditions, Genève.
[100] Hermès Trismégiste, *Corpus Hermeticum*, tome I à IV, Les Belles Lettres, Paris.

rapprocher de cette importante tradition. Il m'est aussi apparu que de nombreuses disciplines sont aujourd'hui redevables à l'hermétisme. Dans une perspective d'initiation traditionnelle, même si elle tient compte de l'inconscient (alors que d'autres approches ne cernent toujours pas cette réalité) la psychanalyse fait figure de mauvais élève, ignorante de ses origines ancestrales, des savoirs des Anciens sur l'inconscient et sur les profondeurs de la psyché. Il était temps de reprendre de fond en comble l'interprétation du mythe d'Œdipe pour, au lieu d'agrandir le fossé entre modernité et tradition, rétablir le dialogue.

La lignée hermétique était représentée à l'époque de Sophocle par le dieu guérisseur Asclépios, dont le sanctuaire à Epidaure était réputé pour ses cures et guérisons. Des découvertes archéologiques laissent penser que Sophocle fut lui-même un prêtre d'Asclépios. Ceci explique pourquoi il eût l'insigne honneur d'héberger la statue du dieu guérisseur en attentant l'achèvement du temple dédié. Lorsque l'on sait l'importance de ces pratiques traditionnelles, on ne peut qu'être surpris de constater à quel point l'ancrage de Sophocle dans les traditions thérapeutiques n'avait, jusqu'ici, pas été pris en compte dans les analyses de son œuvre.

Avant d'aborder l'analyse transgénérationnelle de l'œuvre de Sophocle, il est sans doute utile de fournir encore quelques repères. En effet, les pièces tragiques, tout comme la mythologie, véhiculent des messages symboliques et métaphoriques dont la signification nous échappe aujourd'hui, contrairement aux spectateurs de l'époque.

Symboles et métaphores des mythes

Les psychologues des profondeurs, les artistes, savent le potentiel symbolique de la psyché. La perte, l'oubli ou le refoulement de cette dimension symbolique limite nos potentiels, rend difficile le passage de l'autre côté des apparences, où les choses et les événements trouvent leurs véritables significations.

Sous prétexte de « réalisme », la tendance à se représenter le monde en fonction de ses apparences s'est progressivement imposée depuis le changement de civilisation à Athènes (vers 400-480 avant J.-C. – à l'époque de Sophocle). À cause de leurs références religieuses, les discours de type symbolique (poétique, mythologiques, etc.) ont été refoulés et remplacés au profit de la raison pure, ou de la rationalité. Nietzche et bien d'autres n'ont pas manqué de souligner à quel point l'humanité avait perdu quelque chose de son essence lors de ce changement de civilisation.

Quoiqu'il en soit, que nous en soyons conscients ou pas, notre esprit reste sensible aux messages que transmettent les mythes et les arts de manière générale. De même que la psychologie des profondeurs écoute ce que les symptômes veulent dire (au-delà de la rationalité), il est possible de réapprendre à déchiffrer la symbolique des mythes pour comprendre les messages de sagesse qui s'y trouvent.

La langue symbolique des mythes (le *Mythos*) est flexible, permettant de nombreuses analogies. Par exemple, la chute et la renaissance dont il est question dans le mythe d'Œdipe correspondent à ces descentes aux enfers que connaissent les stars actuelles du show-business, éventuellement suivies d'une renaissance ou d'une heureuse reconversion. Une métaphore qui évoque bien sûr aussi tous ces hauts et ces bas qui n'épargnent aucun d'entre nous.

Il faut également comprendre que le rapport entre un roi et son royaume est une métaphore de ce qui se joue entre l'esprit et le corps. Symboliquement, en tant que roi de Thèbes, Œdipe est à la tête d'un royaume comme s'il s'agissait de son propre corps. La quête d'Œdipe pour éradiquer la peste qui ravage son royaume est comparable à celle d'un malade luttant contre un cancer, une dépression ou toute autre maladie psychosomatique.

La thématique centrale de Sophocle est celle de la prospérité, en lien avec le culte de Déméter, déesse de l'agriculture et des moissons, vénérée près d'Athènes, à Eleusis. C'est dans son sanctuaire que se déroulaient les fameuses initiations aux « Mystères d'Eleusis ». On se souvient que, contrariée par la perte de sa fille Perséphone, Déméter délaissa ses fonctions et provoqua la famine. Comme Athènes venait de subir de terribles épidémies de peste (429-430 av. J.-C), il n'est pas étonnant que Sophocle fasse référence aux cycles de la vie qu'il avait déjà traités avec une première pièce *Triptolème*.

Dans ce contexte matriarcal[101] (ignorant le lien entre sexualité et naissance, privé d'une représentation d'un « père »), le thème œdipien existait déjà sous la forme d'un enfant-fils (Triptolème) de la déesse qui, à chaque nouvelle saison, devait féconder sa mère la Terre pour assurer le renouvellement de la vie. Le cycle des saisons et des moissons offrait donc une sorte de modèle général de la fertilité et du renouvellement de la vie.

L'œuvre de Sophocle sur Œdipe aborde toutes ces thématiques. Elle commence avec une terrible épidémie de peste qui décime à la fois l'agriculture, les animaux et les humains. Mais à l'autre bout du périple d'Œdipe, c'est une garantie de prospérité qui va ponctuer l'œuvre. Entre ces deux extrêmes, Sophocle nous raconte la transformation, ou la renaissance, d'Œdipe.

Enfin, les thématiques du parricide et de l'inceste ne devraient surtout pas être réduites à d'horribles passages à l'acte, comme s'il s'agissait d'une histoire véritable. Une telle lecture nous empêcherait d'aller derrière les apparences. Il s'agit au contraire de se maintenir dans la dimension symbolique propre au mythe et d'essayer de voir, au-delà du piège qui est ici tendu à la raison, de quoi il retourne exactement. Une fois que l'on dépasse cette tendance à dramatiser le récit, on s'aperçoit bien vite qu'il s'agit d'une métaphore de ce retour à la Terre-Mère et d'un rituel de passage du monde de l'enfance au monde des adultes, une thématique fonda-

---

[101] Voir le chapitre 7 de *L'intégration transgénérationnelle*, Ecodition (2014), Genève.

mentale dans les traditions du monde entier. En insistant sur la thématique de la transgression des tabous, Freud a réduit l'histoire d'Œdipe pour la dramatiser, selon une projection typiquement patriarcale[102]. D'une certaine manière, il a échoué sur le premier écueil d'un enseignement traditionnel. Celui-ci se mérite et ne se révèle qu'à la condition de déjouer les pièges tendus aux esprits qui ne respectent pas la nature symbolique du mythe. Car le retour dans la Terre-Mère, représenté dans le mythe d'Œdipe par les retrouvailles avec Jocaste, est un passage obligé pour Œdipe afin d'advenir sujet, pour se libérer de ses aliénations transgénérationnelles.

Résumé du mythe d'Œdipe de Sophocle (en deux pièces)

Œdipe-roi

Pour sauver Thèbes d'une terrible épidémie de peste, le roi Œdipe consulte le devin Tirésias. Celui-ci explique qu'il faut éclairer les circonstances du meurtre du précédent roi Laïos. Œdipe promet de punir le coupable et commence une enquête qui l'amènera à se découvrir lui-même.

Progressivement, les informations se recoupent et Œdipe découvre qu'il avait été secrètement adopté par ceux qu'il prenait jusqu'alors pour ses parents, Polybe et Mérope. À sa naissance, il avait été abandonné aux bêtes féroces du mont Cithéron pour qu'il y meure. Cependant, un berger du royaume voisin le sauva d'une mort

[102] Je développe cette thématique dans *L'autre Œdipe, De Freud à Sophocle*, (Ecodition).

certaine. Ensuite, Œdipe apprend que l'inconnu qui l'avait agressé il y a déjà longtemps, et qu'il avait tué en légitime défense était Laïos, son propre père ! Et la reine qui lui fut donnée avec le trône, en récompense d'avoir vaincu la Sphinge qui terrorisait Thèbes, n'est autre que sa propre mère, l'ancienne épouse de Laïos !

Lorsque la vérité éclate, Jocaste se pend et Œdipe, fou de désespoir, se crève les yeux puisque toutes les apparences étaient fausses.

Œdipe à Colone

Après une longue errance sur les routes, Œdipe accompagné de sa fille Antigone, arrive à Colone, bourgade de la capitale Athènes. Son roi, Thésée, est le premier qui leur accorde enfin hospitalité et protection. Ce retour d'Œdipe dans la collectivité ne tient qu'à la noblesse de cœur de Thésée qui voit clair en Œdipe, au-delà de sa terrible réputation. Œdipe a traversé les pires des épreuves, il est maintenant un autre homme et s'attire dorénavant les bonnes grâces des dieux.

« C'est lorsque je ne suis plus rien que je deviens un homme » explique-t-il à sa fille. Finalement, les dieux l'appellent pour quitter ce monde. À Thésée, digne de son amour, Œdipe lègue un secret qui garantira la prospérité de son royaume. Mais il ne faudra pas l'oublier pour que cette prospérité dure à jamais (cf. le culte des ancêtres).

De l'aliénation à la naissance du sujet

Il y a de nombreuses manières de mettre en évidence la trame transgénérationnelle[103] qui sous-tend l'œuvre de Sophocle. Pour l'heure, et pour résumer l'essentiel, je propose de suivre les étapes significatives du parcours d'Œdipe, de Thèbes jusqu'à Colone. En effet, nous allons le voir, son itinéraire correspond au travail d'intégration transgénérationnelle tel qu'il peut se dérouler aujourd'hui.

La peste à Thèbes

Au début du mythe d'Œdipe, la peste est le symptôme qui motive la quête du héros. Sophocle décrit les ravages de la peste : « La mort frappe dans les germes où se forment les fruits de son sol, la mort frappe dans ses troupeaux de bœufs, dans ses femmes, qui n'enfantent plus la vie. » Comme un client qui vient consulter parce qu'il souhaite résoudre un problème, Œdipe déclare vouloir résoudre la peste, « coûte que coûte » dit-il ! L'œuvre de Sophocle commence donc par une situation similaire à celle d'une personne qui vient consulter pour guérir des symptômes, comprendre une situation et résoudre un problème.

En réponse à sa demande, Sophocle annonce la couleur par le biais d'une prédiction de Tirésias : « ce jour te verra naître et mourir à la fois ». Là aussi, nous pouvons tirer un parallèle avec l'avertissement classique des

[103] L'analyse complète, sur cinq générations, est présentée dans *La renaissance d'Œdipe* (Ecodition).

psychanalystes à leurs analysants : « vous devez savoir qu'un tel travail peut produire de profonds changements... ». Nous sommes bien sûr aux antipodes d'une politique de médicalisation qui déresponsabilise les personnes, supposées malades et incapables de résilience. Plutôt que d'ignorer et de dévaloriser ce potentiel de résilience, la psychologie des profondeurs reconnaît, avec Sophocle, que les symptômes ont pour mission de réveiller le sujet en soi (inconscient) et non pas de l'abrutir ou de le lénifier. Il s'agit de le reconnaître et de le soutenir afin qu'il transforme les pires situations, à l'instar de celle qu'Œdipe a décidé de prendre à bras le corps.

La quête de vérité

Comme on consulte aujourd'hui un spécialiste de l'inconscient, à l'époque, c'étaient les services de l'oracle que l'on recherchait. Pour guérir la cité de cette peste qui s'acharne, l'oracle explique qu'il faut éclaircir les circonstances de la mort du précédent roi de Thèbes, Laïos, et retrouver le responsable. L'association entre un deuil non fait (la disparition mystérieuse de Laïos) et le non renouvellement de la vie (la peste) est ici au cœur de la problématique. En effet, tant que les circonstances de la mort du précédent roi ne sont pas clarifiées, le deuil ne saurait se faire ce qui empêche le renouvellement de la vie. Il s'agit là des conséquences du non-respect d'une loi non écrite, naturelle, des funérailles dues aux morts. Ici, encore, l'oracle est à l'image de ce qu'un analyste transgénérationnel pourrait suggérer : décrypter l'éventuelle présence d'un deuil non fait, qui serait à l'origine d'un tel symptôme (la peste).

La pièce d'*Œdipe-roi* raconte le déroulement de l'enquête que mène Œdipe pour reconstituer les circonstances de la disparition de Laïos. Il doit clarifier une histoire non terminée, qui date d'une époque qui précédait son arrivée à Thèbes, mais dont il aura inconsciemment hérité la charge lorsqu'il fut élu roi de Thèbes.

Au cours de son travail de clarification, Œdipe apprend que Polybe et Méropé, roi et reine de Corinthe, ne sont pas ses véritables parents comme il le pensait jusqu'ici. Parce qu'ils souffraient de stérilité, ceux-ci avaient décidé d'adopter secrètement Œdipe. Ainsi, dès sa naissance, Œdipe fut victime d'un secret de famille dont les conséquences seront dramatiques.

En plus de la découverte de son adoption secrète, l'enquête qu'il mène pour découvrir les circonstances exactes de la mort du précédent roi de Thèbes lui réserve encore d'autres surprises. Le témoignage d'un serviteur rescapé et ses propres souvenirs l'obligent à reconnaître que c'est lui-même qui a tué Laïos dans un combat de légitime défense. Avant qu'il n'arrive à Thèbes, un inconnu l'avait provoqué et de la lutte qui s'était engagée, il en était sorti vainqueur tandis que son assaillant succombait. Cependant la pire des découvertes est encore à venir. En effet, ce même serviteur explique qu'en réalité Laïos était son père et qu'avec Jocaste, sa mère, ils avaient décidé de l'abandonner à sa naissance. Un autre serviteur de la cité de Corinthe l'avait sauvé puis apporté au couple royal, Polybe et Méropé, qui l'avait adopté.

Toute cette enquête correspond assez bien aux cheminements que sont parfois amenés à faire celles et ceux qui clarifient leur arbre de famille. Il ne s'agit pas forcément de secrets qui les concernent directement, mais qui, parfois, portent sur l'identité cachée d'un père ou celle d'un frère. Souvent, il s'agit aussi de décrypter la présence de ces deuils non faits, qui expliquent pourquoi des mères ont été incapables de donner la tendresse et l'affection qui firent défaut à leurs enfants.

Dans la lignée des Labdacides, (la famille d'Œdipe), il n'y a pas que le deuil non fait de Laïos. Par exemple il y a le deuil non fait de Penthée, le successeur du fondateur de la cité de Thèbes, Cadmos, l'arrière-arrière-grand-père d'Œdipe. Penthée avait été tué par sa mère alors qu'elle était en transe, célébrant les fameuses Bacchanales. Elle ne s'en remettra pas, et cette tragédie va bien évidemment marquer toute la lignée comme je l'explique dans *La renaissance d'Œdipe*[104]. Il y a aussi un autre deuil tragique, celui de Chrysippe, qui met en cause Laïos, lequel s'attire la foudre des dieux. Ces antécédents chez les ancêtres d'Œdipe se sont reportés sur Laïos et sur Jocaste, incapables d'assumer un nouveau-né qu'ils décideront d'abandonner trois jours après sa naissance.

Une vérité qui change tout

Avec la révélation de la vérité sur ses origines, deux réalités se superposent. D'une part, même s'il n'en avait

---

[104] *La renaissance d'Œdipe*, (2014), Ecodition, Genève.

pas conscience, Œdipe a transgressé les tabous du parricide et de l'inceste. Une conduite coupable, raison pour laquelle il se crève lui-même les yeux. À quoi pourraient-ils lui servir, dit-il, puisque malgré ses bonnes résolutions il se laissa tromper par les apparences.

Mais, simultanément, Œdipe prend conscience de ses véritables origines. Malgré la tragédie, et même grâce à elle, il a pu découvrir le secret qui l'aliénait et dont il était une victime inconsciente depuis sa naissance. Parce qu'elle va lui permettre de renouer avec ses origines et donc de les intégrer, cette deuxième réalité prendra peu à peu le pas sur la première. Tant qu'il restait aliéné par le secret de ses origines, impossible pour lui d'advenir sujet. En revanche, la nouvelle conscience de ses origines lui permet d'intégrer sa pré-histoire. C'est aussi ce qui se produit lorsqu'une analyse transgénérationnelle révèle l'envers du décor, la face cachée de nos ancêtres. Si la désillusion est assurée, comme lors des fameuses « crises d'adolescence », c'est néanmoins un passage obligé vers plus de conscience, et vers soi-même.

Pour Œdipe ce passage est synonyme de renaissance. Celle-ci confère à la transgression des tabous une tout autre signification. Dans cette nouvelle perspective, il apparaît aussi que ce sont ses parents qui, les premiers, avaient décidé de le supprimer, tandis que lui-même n'avait fait qu'y opposer son instinct de survie. Grâce à la restauration de la vérité sur ses origines, il pourra différencier la première partie de sa vie, aliénée, de celle qui est dorénavant la sienne. Pareillement, lorsqu'une personne découvre avoir été victime d'un secret de famille, elle peut comprendre sous un tout autre angle sa propre histoire. C'est alors l'occasion de reconsidérer des liens et des événements sous un nouveau jour, de faire la paix avec l'histoire et de l'intégrer, pour repartir sur de nouvelles bases, plus solides.

Un processus de renaissance

Dans la deuxième pièce, *Œdipe à Colone*, Sophocle nous montre la progression de ce travail d'intégration. Face à la plus dramatique des situations qu'il soit possible d'imaginer pour un homme, Œdipe peut compter sur cette conscience augmentée qu'il a dorénavant acquise. Celle-ci rétablit la relation au sujet en lui, jusqu'ici pervertie par l'effet du secret. Fort de cette nouvelle ressource, il peut alors intégrer une histoire qui sans cela pourrait être impossible à surmonter. Ici, encore, un important enseignement traditionnel se retrouve dans l'œuvre de Sophocle : dès lors qu'elle élargit la conscience, l'accès à la vérité permet d'intégrer des situations insupportables de prime abord. Une telle prise de conscience rétabli un lien aux origines, lieu d'émergence du sujet en soi.

Le travail d'intégration qu'Œdipe réalise est une référence pour la pratique contemporaine. Elle va bien plus loin que pourraient le faire de simples explications transgénérationnelles, pour véritablement aboutir à un bénéfice durable et synonyme d'épanouissement personnel.

Bénéfice du travail d'intégration

Au terme de son chemin d'exil, Œdipe arrive à Colone, dans le voisinage d'Athènes. Dans *Œdipe à Colone*, Sophocle raconte comment Œdipe renoue avec la collectivité et comment il obtient l'hospitalité de Thésée. Là également Sophocle nous indique l'importance du rôle de Thésée qui reconnaît le sujet en Œdipe, derrière sa (très) mauvaise réputation. Thésée reconnait que nul ne peut prédire de son destin, que lui aussi a connu l'exil, comme s'il était capable de voir chez Œdipe cette part d'humanité qui fait écho à la sienne. C'est une belle leçon que Sophocle nous laisse quant à la véritable position du thérapeute, capable de reconnaître la part du sujet chez l'autre, au-delà de toutes les étiquettes et autres jugements.

À partir de cet instant, qui voit Thésée offrir l'hospitalité à Œdipe, l'histoire opère une sorte de compte à rebours. Le scénario du rejet parental, répété avec son expulsion de Thèbes, cède la place à la réintégration sociale. Impossible ici de ne pas penser à ces rituels de passage, qui voyaient les enfants passer par des grottes et par l'obscurité (aveuglement) avant d'être à nouveau réintégrés dans la collectivité[105], à titre d'adulte.

En échange de sa généreuse hospitalité, Œdipe annonce à Thésée qu'il lui lèguera un secret qui garantira la prospérité de son royaume. Cette transmission est le fruit de l'intégration par Œdipe de ses héritages transgénérationnels. Elle met fin à la succession des tragédies.

---

[105] Pour l'analyse complète ; *La renaissance d'Œdipe*, Ecodition.

En survivant à ses aliénations, après avoir traversé les épreuves les plus inhumaines, Œdipe les transforme en une source de bienfaits (les symptômes en symboles). Le message qu'il transmet à Thésée est à l'inverse de ce que lui-même aura reçu de ses parents. Une transmission positive que ses hôtes ne l'oublient pas comme le précise le récit. Là aussi, nous comprenons que Sophocle est resté fidèle aux anciennes traditions du culte des ancêtres, dont la célébration assurait la prospérité des descendants.

Le retour en grâce

Après avoir été une victime de ses aliénations transgénérationnelles, dès lors qu'il a su les intégrer, Œdipe regagne la faveur des dieux. Ismène le dit en ces termes : « Les dieux te relèvent après t'avoir anéanti. » Pierre Vidal-Naquet souligne l'intérêt de ce type de renversement dans la pensée de Sophocle : « Là même où, par un retournement génial, Sophocle a dépeint non la séparation, mais le retour, dans le *Philoctète* et dans *l'Œdipe à Colone*, tragédie de l'héroïsation à Athènes du vieillard exilé de Thèbes, il faut que la séparation ait eu lieu ».

Œdipe explique : « c'est donc quand je ne suis plus rien que je deviens vraiment un homme ». N'être plus rien signifie ici ne plus jouer de rôle, tomber le masque de la *persona* qui tente de se défendre de ses aliénations. Alors seulement le véritable soi peut être - ou advenir. Un tel message rejoint bon nombre de traditions anciennes et même modernes, en thérapie comme en développement personnel. Ce retour en grâce auprès des dieux n'est rien d'autre que le rétablissement du rapport aux origines, si important dans toutes les cultures traditionnelles. Ne sommes-nous pas comme les feuilles d'un arbre, et au-delà de notre arbre familial, enracinés dans la terre et portés vers le ciel, comme liés aux origines ?

Perspective d'ensemble

Avec la peste, Sophocle souligne les conséquences pour une cité d'avoir un roi aliéné par ses héritages transgénérationnels et qui ne connait pas ses origines. En effet, dans la symbolique de la mythologie, le roi est responsable du fonctionnement de son royaume. Si son gouvernement est juste et légitime, en accord avec les dieux et avec la terre, la cité sera prospère. À l'inverse, il est interpelé par la collectivité en cas de dysfonctionnement. Ce rapport de responsabilité entre le roi et le destin de son royaume n'est pas juste une conception grecque puisque, par exemple en Egypte ancienne, le pharaon devait respecter les lois invisibles de la vie pour garantir le bon équilibre de son royaume. Pour encore mieux souligner l'importance d'un rapport vivant aux origines, non perverti par la méconnaissance de soi, Sophocle contraste l'épidémie de peste avec cette garantie de prospérité qui achève sa dernière pièce.

Entre stérilité et prospérité, Sophocle montre que, pour une collectivité, il vaut mieux avoir à sa tête un homme accompli qu'un roi qui ne se connait pas.

Le modèle thérapeutique de Sophocle reste fidèle à l'importance du rapport aux origines. Et lorsque l'on prend la peine de l'analyser, comment ne pas comprendre qu'une ancienne science du transgénérationnel sous-tend son œuvre. Comme je l'ai approfondi dans mes précédents livres[106], sa version du mythe d'Œdipe est un modèle thérapeutique extrêmement fécond pour qui souhaite s'initier aux lois qui président à l'intégration transgénérationnelle.

Tableau général

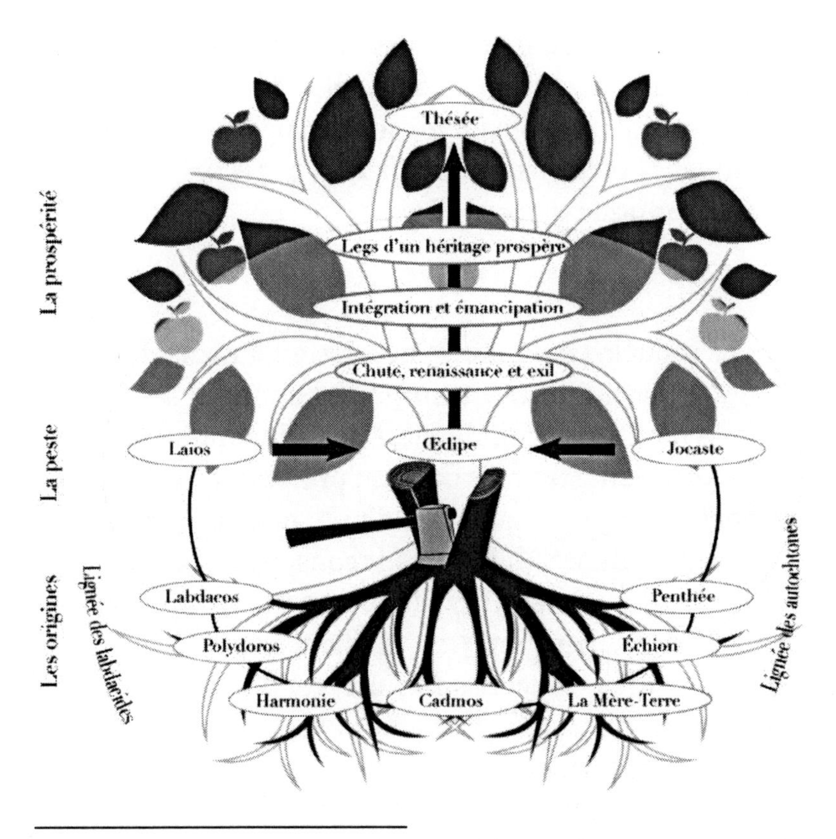

---

106 Pour une analyse transgénérationnelle complète, sur cinq générations, voir *La renaissance d'Œdipe* (Ecodition).

Pour faciliter l'immersion dans les profondeurs du mythe d'Œdipe, dans presque tous mes livres j'en propose des analyses toujours un peu différentes, mais complémentaires. Une telle assiduité n'est pas gratuite. Elle vise au développement d'un dialogue entre les messages symboliques de l'œuvre et l'inconscient du lecteur. Un dialogue qui peut prendre de multiples formes, oniriques par exemple, ayant valeur d'initiation et produisant des effets thérapeutiques. Sans cette possibilité d'immersion et sans ce dialogue plus subjectif qu'objectif, la transmission de connaissances resterait abstraite, universitaire. Expérience faite, plus le modèle de Sophocle est intégré, plus il devient facile de décrypter les multiples situations particulières que l'on rencontre dans la pratique thérapeutique.

Revenir à soi

Le modèle de Sophocle montre qu'il ne faudrait pas analyser les héritages transgénérationnels sans tenir compte d'un sujet qui, derrière ses aliénations, cherche à advenir. Nous sommes donc en présence de deux mouvements complémentaires : d'une part un travail de mise à jour de nos héritages inconscients (qui peut se faire par exemple en travaillant sur son arbre généalogique), et d'autre part, une meilleure connaissance de soi, œuvrant de concert pour intégrer nos racines. Dans les deux cas, il s'agit de renouer avec des origines, non pas celles historiques, mais celles symboliques. Dans la mesure où les dieux sont à l'origine de toutes choses, lorsqu'il est dit qu'Œdipe retrouve la grâce des dieux, dans le langage de l'époque, cela signifie qu'il a renoué avec la source, l'unité fertile. Dans cette dimension originaire, les sujets se parlent et se comprennent dans une même langue symbolique.

La traversée que propose Sophocle, de Thèbes à Colone reflète un cheminement intérieur, initiatique, qui conduit le héros à revenir vers lui-même. Le modèle de Sophocle est conforme à toutes les anciennes traditions qui préconisent de se libérer des faux-semblants de l'ego, pour parvenir au cœur de soi-même. Œdipe répond à l'antique question « Qui suis-je ? » lorsqu'il prend conscience qu'il ne devient un homme qu'à la condition de n'être plus rien. Un « plus rien » en apparence, car il correspond à ce retour vers soi-même plus essentiel, vers plus de présence aussi.

Une telle perspective associe guérison et thérapie avec la thématique de la connaissance de soi. Les anciens sages, comme certains psychothérapeutes modernes, insistent aussi sur la prise en compte de notre noyau dur, de notre être profond, indivisible et inaliénable. Dans la tradition psychanalytique, il s'agit d'advenir en tant que sujet là où les symptômes s'imposent de manière inconsciente. Mais d'autres traditions évoqueront le Soi, ou l'être profond, pour parler de ce qui se situe au-delà de l'égo. Il ne s'agit pas de se changer, de simplement changer ses croyances ou ses comportements, mais de faire advenir son véritable soi, ou de naître à soi-même par des prises de conscience et un travail d'intégration. Comme il est possible de le comprendre avec cet Œdipe qui advient à Colone, une part profonde de notre être nous appartient en propre, inaliénable, symbolique, créatrice de notre histoire. Elle se différencie de ce que nous avons hérité de notre entourage, familial et culturel, et de ce qui a façonné nos croyances. S'ouvre alors le chemin parcouru par Héraclite qui dit « je me suis trouvé moi-même ».

Si les symptômes sont de véritables moteurs pour nous inciter à revenir vers nous-mêmes, deux attitudes sont possibles : chercher à juguler les symptômes, à les faire taire et risquer de s'oublier soi-même, ou alors apprendre à dialoguer avec cette partie de soi inconsciente pour l'intégrer et se développer en tant que sujet. Binswanger expliquait qu'il y a deux voies à pratiquer la psychothérapie : « l'une vous éloigne de vous-même vers la fixation théorique, c'est-à-dire vers la perception, l'observation, l'étude et la destruction de l'homme réel aux fins de la construction d'une image de lui-même [...], l'autre conduit « en nous-mêmes », de façon anthropologique, c'est-à-dire selon les conditions et les possibilités de l'être-présent *comme à chaque fois nôtre*, ou, ce qui revient au même, selon les modes et les manières possibles pour nous d'exister. Ce chemin « en nous-mêmes » signifie ici, en premier lieu, à chaque fois l'*ipsé*[107] de l'existence propre du chercheur, ce sur quoi il se tient en son fond le plus propre et intrinsèque, l'être-présent qu'il a soi-même pris sur soi en tant que créateur. »[108]

---

[107] Voir *Ipsé* dans le glossaire.

[108] Ludwig Binswanger (1970), *Analyse existentielle et psychanalyse freudienne*, Gallimard, Paris, pp. 227-228.

La garantie de la prospérité qu'Œdipe transmet à Thésée est, elle aussi, remplie de significations. Elle correspond à cette ancienne tradition hermétique qui préconise le dépassement de toute forme de dualité. Chez Plotin par exemple, l'accès à l'unité[109], au-delà de la raison, nous ramène aussi dans l'instant fertile qui ponctue l'œuvre testamentaire de Sophocle. S'émanciper d'une temporalité passe par le fameux lâcher prise de l'ego. « Plotin ne cache pas que la pensée ne saurait l'atteindre. Elle doit rester sur le seuil et c'est dans le silence que l'éblouissement de l'unité peut lui être donné. La contemplation de la pensée peut remonter la procession de la Manifestation vers sa source, mais à terme, il y a un saut, un saut qui n'est pas de l'initiative de la pensée. [...] La pensée ne peut saisir l'unité. [...] Mais elle se situe aux frontières du dicible. »[110]

Les enseignements traditionnels, ou initiations, relèvent eux aussi du partage d'une expérience, d'un état de conscience, au-delà d'une simple rhétorique rationnelle. L'usage du paradoxe dans la tradition Zen se situe au-delà de la raison, vers ce principe d'unité et de présence à soi. De même, le lecteur est averti au début du *Tao Te Ching* : « Tout ce qui peut être dit du *Tao* n'est pas le vrai *Tao* ». Or nous pensons généralement trouver ce sujet en soi quelque part au bout d'un cheminement, au terme d'un développement personnel. Ce n'est pas là-bas que se trouve le sujet, mais ici et maintenant.

---

[109] En ce qui concerne ce principe premier d'unité ou de non dualité, voir le 5ème chapitre de *Sophocle thérapeute*, Écodition.
[110] Serge Carfantan (2004) *Philosophie et spiritualité*, leçon 112, dualité et non dualité, [sergecar.perso.neuf.fr]

Eckhart Tollé[111] compare l'homme qui s'interroge sur le moment présent à un poisson qui s'inquièterait de savoir ce que peut bien être cette eau dans laquelle il vit. Même si nous n'en avons pas conscience, le sujet se trouve dans l'instant présent, où la connaissance de soi opère. C'est aussi à partir de là, dans l'instant présent, que le sujet peut s'observer, jongler entre penser et ne pas penser.

---

[111] Eckhart Tollé (1999), *Le pouvoir du moment présent*, Edition j'ai lu, Paris.

9
Conclusion

Après un premier chapitre d'introduction générale à la thématique de cet ouvrage, j'ai proposé dans le deuxième chapitre des références historiques et culturelles, puis thérapeutiques dans le troisième. Par la suite, dans les quatrième et cinquième chapitre, j'ai invité le lecteur à mieux comprendre les processus de transmissions transgénérationnelles. Ceux-ci opèrent généralement de manière inconsciente, notamment lorsque les manques d'intégrations se transforment en nécessités transférentielles, sources et origines des héritages transgénérationnels. Face à cet héritage, j'ai ensuite décrypté les réactions les plus simples à observer pour mieux faire apparaître l'envers des symptômes, leurs origines et leurs significations inconscientes.

Le sixième chapitre fut consacré à l'intégration transgénérationnelle à proprement parler. L'analyse de son fonctionnement m'aura donné l'occasion d'y associer la question du sujet en soi, de ce qui, derrière nos aliénations, cherche à advenir.

Enfin, dans le septième chapitre, j'ai résumé mes découvertes sur la structure transgénérationnelle qui sous-tend le mythe d'Œdipe de Sophocle. Cette nouvelle interprétation d'un des plus importants chefs d'œuvre de la culture antique est sans doute plus aisée à comprendre une fois que le lecteur aura pris connaissance du fonctionnement du « transgénérationnel » - tel que présenté dans les précédents chapitres. Car pour revenir à sa signification traditionnelle, il faut remonter à la source en navigant à contre-courant des préjugés de notre culture patriarcale. Un cheminement que j'ai moi-même emprunté pour faire émerger la trame profonde du mythe. À force, les grandes lignes de cette nouvelle interprétation paraissent si évidentes que l'on ne peut manquer de s'interroger sur cet oubli du transgénérationnel qui caractérise notre culture. En effet, une fois que l'on a conscience des héritages transgénérationnels inconscients, il n'est plus possible de passer à côté des enseignements que Sophocle nous a laissé avec son œuvre. Entre ses lignes se trouve un parfait modèle de guérison transgénérationnelle, holistique, valable hier comme aujourd'hui et demain. Un modèle essentiel pour tout thérapeute qui tient compte de l'inconscient.

Qui suis-je ?

Toutes ces analyses montrent à quel point l'intégration transgénérationnelle est indissociable d'une meilleure connaissance de soi-même, ou du sujet en soi. Ce dernier peut advenir au fur et à mesure que sont mises en lumière les parts d'aliénations héritées des aïeux. Et à moins d'être les enfants de parents parfaits, nous ne saurions éviter de devoir clarifier nos héritages transgénérationnels si l'on souhaite mieux se connaître. Ainsi, au-delà des questions strictement thérapeutiques, rivées aux seuls symptômes, l'intégration transgénérationnelle correspond à ce qui traditionnellement correspondait à un développement personnel. En effet, qui cherche à mieux se connaître, à répondre à la fameuse question, « qui suis-je », éprouvera tôt ou tard la nécessité d'intégrer ses origines.

Renouer avec ses origines, prendre conscience de l'existence vécue par nos aïeux, ainsi que de leurs histoires non terminées, me semble être une expérience essentielle pour tout développement personnel et/ou thérapeutique. Aux personnes déjà engagées dans une discipline ancestrale (art martial, yoga, interprétation des rêves, méditation, chamanisme, etc.) l'intégration transgénérationnelle permettrait non pas d'être tenté de retourner à des modes de vies ancestraux, mais de mieux s'adapter au monde d'aujourd'hui. Et inversément, l'intégration transgénérationnelle offre aux personnes suradaptées au monde contemporain de renouer avec leurs racines et avec une partie oubliée d'elles-mêmes.

Intégrer l'histoire ou lieu de s'en couper

Dans mon analyse, j'ai également voulu montrer de quelle manière le travail d'intégration transgénérationnelle reprend et approfondit les acquis de la psychanalyse, notamment autour des questions transférentielles et de l'analyse de l'inconscient. Un développement qui passe par une nouvelle interprétation du mythe d'Œdipe - plus respectueuse des sagesses de l'époque.

Au lieu de restreindre notre champ de vision, de multiplier les spécialisations thérapeutiques comme cela se fait de nos jours, l'analyse transgénérationnelle nous invite à élargir notre horizon. Par exemple, de la même manière qu'elle permet d'intégrer l'histoire de nos aïeux, la perspective transgénérationnelle nous permet aussi de réintégrer tout un patrimoine de connaissances ancestrales. Une telle intégration de nos racines est une belle alternative pour éviter de reporter nos manques dans ces sempiternelles querelles d'écoles. Plutôt que de s'achopper sur des différences et cultiver des conflits idéologiques, inspirons-nous de cette époque fertile de cohabitation de la glorieuse époque athénienne. Pour Claude Calame, « Les grecs s'accommodaient très bien de la diversité narrative. On en a le témoignage chez Aristophane comme chez Euripide, où l'on met en scène les mythes et les pratiques religieuses et politique de la cité de Sparte, par exemple, alors que l'on est à Athènes. Et l'histoire en témoigne : les régimes polythéistes ont eu globalement moins de conséquences meurtrières que les monothéismes. Ils ne permettent pas la référence à un pouvoir absolu. »[112]

Des origines symboliques

Revenir sur le changement de civilisation à Athènes, c'est un peu comme si, en écartant les toiles d'araignées, dans le grenier d'une maison ayant appartenu à des aïeux, l'on découvrait un trésor qui avait été oublié. Et

---

[112] Claude Calame, Interview paru dans *La Grèce et ses dieux*, Le Point, juillet-août 2016, Paris.

bien sûr, symboliquement parlant, le trésor dont il est question, qui ponctue l'œuvre de Sophocle aussi, ce sont les retrouvailles avec soi-même, cette partie de soi presque oubliée, malgré les appels du coude de nos symptômes, personnels et collectifs.

Avec l'intégration transgénérationnelle, la psychologie des profondeurs peut reprendre ses premières découvertes sans tourner le dos aux anciennes cultures. Au contraire, elle peut renouer avec un patrimoine ancestral. Alors que la tendance moderne est à la production de nouvelles croyances (rationnelles) sensées supplanter notre rapport aux origines, d'un point de vue thérapeutique, il est essentiel de restaurer ce rapport aux origines et à soi-même. Et précisément, la psychologie des profondeurs cherche à nous guérir des conséquences multiples d'une telle perte et oubli de soi.

Le trésor caché de Sophocle

Parce qu'Œdipe se faisait une noble idée de ce que vivre signifiait, il a prêté son oreille à ses rêves et à cette petite voix en lui qui le guidait au travers de ses épreuves. Au contraire des partisans d'une politique du refoulement des symptômes, il s'en est servi comme fils conducteurs vers lui-même. Œdipe a fait de la vie son maître et de ses questionnements ses guides. Finalement, il accède à la connaissance de soi, il se rencontre lui-même comme un simple homme, mais authentique et capable d'une réelle transmission. Son itinéraire donne raison à William Blake[113] lorsqu'il soutient que « si le fou persévérait dans sa folie, il rencontrerait la sagesse. » Pour être allé au bout de ses questions, Œdipe est parfois considéré comme le premier des philosophes. En définitive, le simple homme qu'il est devenu à la fin du récit cache un accomplissement spirituel que les initiés ne manqueront pas de reconnaître.

Entièrement repensée, l'œuvre de Sophocle révèle un formidable modèle thérapeutique qui répond à de nombreuses questions contemporaines. Cette relecture transgénérationnelle du mythe d'Œdipe[114] permet de s'affranchir des limites de notre culture dite moderne, coupée du rapport aux origines, de ses mythes fondateurs et de restaurer un rapport à soi-même presque oublié. Cette nouvelle interprétation du mythe d'Œdipe est essentielle, elle nous donne les clefs qui ouvrent les frontières et qui nous permettent d'approfondir nos connaissances de la nature humaine.

Eternelles sagesses

Comme l'œuvre de Sophocle nous l'indique, l'intégration transgénérationnelle conduit à la guérison de son arbre, en tous cas suffisamment pour que soit rétabli un rapport symbolique aux origines - essentiel. Au-delà

---

[113] William Blake, *Le mariage du ciel et de l'enfer*, Corti, 1989, Paris.

[114] Pour une analyse approfondie de cette extension de la psychanalyse vers la véritable signification du mythe d'Œdipe, où les liens aux parents dépendent essentiellement de ces héritages transgénérationnels inconscients, voir mon analyse dans *L'autre Œdipe, de Freud à Sophocle*, éditions Ecodition, Genève.

de nos parents et de nos aïeux, nous sommes le produit de plusieurs millénaires d'évolution, d'une transformation de notre ADN qui nous relie aux origines de la vie. Les lois transgénérationnelles nous renvoient ainsi aussi à des origines tellement lointaines qu'elles deviennent symboliques, mythologiques, intemporelles. Le « transgénérationnel » ne nous renverrait donc pas dans le passé, mais au-delà du temps, à plus de présence, vers soi-même, ou vers le sujet en soi.

La connaissance de ce sujet en soi et de son développement nous concerne aujourd'hui autant qu'elle concernait les Athéniens. Notre civilisation l'a oublié, et avec elle l'importance de la transmission d'héritages « positifs » ou édificateurs. Une perte culturelle qui s'observe dans ces lacunes de transmission que nous avons pu analyser. Cependant, même refoulé ou dénié, le désir d'advenir du sujet en soi ne saurait disparaître. Il se manifeste à travers des symptômes, pour nous inviter à mieux nous connaître.

À l'image du modèle que nous a laissé Sophocle avec son mythe d'Œdipe, le travail d'intégration transgénérationnel conduit à une meilleure connaissance de soi. C'est dans une langue symbolique, jouant sur le fil du temps, que le sujet peut réécrire son histoire, se l'approprier et intégrer ses origines. Une langue qui traverse les frontières et les âges. Une langue qui permet le dialogue avec soi-même, les autres et le monde.

Glossaire

Aliénation

Le verbe « aliéner »[115] apparaît en droit (1265) comme emprunt au latin *alienure*, « rendre autre » ou « rendre étranger », dérivé de *alienus*, « autre », luimême de *alius* (ailleurs, alias, alibi). Après l'ancien provençal *aliénât*, « aliéner » se spécialise au XIIIe siècle, avec la valeur de « rendre fou quelqu'un ».

Le mot « aliénation » se spécialise en 1811 au sens de « folie ». Au XXe siècle, le mot aliénation (puis aliéner, aliénant en 1943, chez Sartre) a connu une nouvelle carrière, étant choisi pour traduire l'allemand *Entfremdung*, importante notion philosophique chez Hegel, puis Marx, « état ou l'être humain est comme détaché de luimême, détourné de sa conscience véritable par les conditions socio-économiques ». Le succès du concept amène l'emploi du mot et de certains dérivés (aliénant, aliénateur) dans un sens plus vague : « perte par l'être humain de son authenticité », réunissant le thème cher au XVIIIe siècle des méfaits de la vie en société.

Le Ça, le Moi et le Surmoi

Freud distingue trois instances qui ont partie liée dans le fonctionnement du psychisme, le Ça, le Moi et le Surmoi. Nous retrouvons l'usage du mot « Ça » dans le

---

[115] D'après le dictionnaire historique de la langue française, *Le Robert*, Paris, p. 45.

langage courant : Comment ça va ? Ça va bien, ça va mal, a-t-on coutume de dire. Le Ça désigne les forces vitales d'une personne, ses pulsions ou encore sa libido. Le Ça ne connaît ni normes (interdits ou exigences), ni réalité (temps ou espace) et n'est régi que par le principe de plaisir, recherchant la satisfaction immédiate de ses besoins.

Le Moi est l'instance psychique qui aménage les conditions nécessaires à la satisfaction des pulsions tout en tenant compte des exigences du réel. Il gère les exigences du ça et celles du surmoi. Il est à la fois conscient, préconscient et inconscient. Le Moi évolue en fonction des processus d'intégration ou de refoulement.

Le Surmoi est une entité psychique qui domine le Moi et lui en impose. Il est une sorte de structure morale (conception du bien et du mal), souvent sévère et cruelle, qui est passée de l'extérieur à l'intérieur de la psyché. En effet, pendant l'enfance, ce sont les adultes qui tiennent un discours surmoïque (généralement hérité de leurs propres parents et de toute une culture) et progressivement, ce discours fait d'obligations et d'interdits opère ensuite tout seul, dans l'esprit de l'adulte. Dans ce sens, il s'agit clairement d'une forme d'aliénation, même si elle reflète des normes admises en société. Le Surmoi est un agent critique plus ou moins persécutant, en grande partie inconscient, responsable du refoulement des pulsions qu'il censure.

La phénoménologie

Pour la phénoménologie, l'Être est la chose première. D'abord nous sommes, nous existons, ensuite sommes-nous comme ceci ou comme cela, ensuite les *étants* sont-ils comme ceci ou comme cela. Ainsi la phénoménologie différencie l'Être des « étants ». Ce qui relève de l'Être, c'est le fait même d'exister. Les « étants » pour leurs parts désignent les choses telles que nous nous les appréhendons le plus souvent, non pas en fonction de leur être, mais pour ce qu'elles représentent en elles-mêmes. Pour la phénoménologie, ce n'est que dans l'Être que la signification des choses, ou des *étants*, nous est révélée.

Cette philosophie, développée par Heidegger[116], revient sur cette primauté de l'Être sur les *étants*, lesquels n'existent que s'il y a d'abord de l'Être. Merleau-Ponty illustre le rapport de l'être à l'*étant* par une analogie : l'illumination donne la possibilité de percevoir des objets, une chambre. Pour lui, l'acte de dévoilement de l'être est similaire à l'illumination d'une chambre. L'illumination nous permet de percevoir des objets, mais elle n'est elle-même pas un objet à regarder. Sans lumière on ne percevrait pas d'objet, de même que sans être, il n'y aurait pas d'*étant*.

Au contraire de la phénoménologie, la métaphysique interroge l'étant en tant qu'étant. C'est-à-dire qu'elle détermine les *étants* en eux-mêmes et non pas

---

[116] Selon Martin Heidegger (1927), *Être et temps*, Gallimard, Paris, p. 62.

dans leurs rapports à l'être. « Dans la mesure où elle ne représente constamment que l'étant en tant qu'étant, la métaphysique ne se tient pas dans sa pensée à l'Être lui-même... Une pensée qui pense la vérité de l'Être ne se contente plus de la métaphysique ; mais elle n'en pense pas pour autant contre la métaphysique », cependant, elle cherche à la dépasser. C'est d'ailleurs ce que Heidegger dit à propos de son livre *Être et temps*, il s'agit d'une pensée qui s'achemine vers un dépassement de la métaphysique.

Pour Heidegger la philosophie n'arrive à une vérité que si elle s'interroge sur l'être des *étants*. C'est par cette interrogation qu'elle peut dévoiler une compréhension, une explicitation du phénomène sur lequel elle se penche. Il est donc indispensable de dépasser la métaphysique si l'on veut que celle-ci prenne un sens.

Le fétichisme

Le fétichisme est une aliénation psychologique très profonde (archaïque) dont la cause est traditionnellement attribuée à une angoisse de castration insurmontable éprouvée pendant l'enfance. Le fétichisme résulte d'une restructuration de la psyché où l'angoisse de castration est « résolue » par un mensonge qui dénie la réalité. Les observations cliniques montrent que cette angoisse de castration apparaît chez le garçon lorsqu'il constate l'absence de pénis du sexe féminin, une observation insupportable s'il croit qu'il pourrait lui-même perdre son pénis. Afin de supprimer cette angoisse, le fétichiste transfère sur un autre objet la qualité d'être le pénis du sexe féminin. Le fétichiste verra le pénis de la femme dans l'objet-fétiche, le pied par exemple. Ainsi, les deux sexes ont un pénis, ce qui permet de préserver la croyance infantile qu'il n'y a pas de différence sexuelle, donc pas de raison de s'angoisser d'une éventuelle castration.

W. H. Gillespie[117] le précise : « Prenons comme exemple le cas du fétichisme où les sentiments érotiques sont liés, non pas à l'aspect génital d'une personne du sexe opposé, mais à une partie non génitale du corps ou à un vêtement ; il peut alors parvenir à éliminer la personne en tant que telle. [...] Cette angoisse de castration conduit alors à une défense par le mécanisme du désir : le garçon dénie sa perception de la femme sans pénis. Néanmoins, dans le même temps, il abandonne la croyance selon laquelle le phallus féminin existe, et il constitue à la place un objet de compromis : le fétiche. Le fétiche représente le phallus féminin auquel il peut encore croire et absorbe tous ses intérêts érotiques ; cependant, il est conscient de l'existence des organes génitaux féminins et il éprouve un sentiment d'aversion à leur égard. Une telle attitude double vis-à-vis de la réalité inacceptable est ce que Freud a appelé le clivage du Moi. »

---

[117] W.H. Gillespie (1980), « Castration, culpabilité, perversion », *Les perversions*, Éditions Tchou, Paris.

Le positivisme

Auguste Comte (1789-1857) introduit une nouvelle démarche dans les sciences humaines : le positivisme. Il voudrait fonder par la raison une science de l'homme rigoureusement objective. Les scientifiques devraient collectionner des observations, sans préjugés, afin d'accumuler des faits à partir desquels l'on tente d'extraire des généralisations, c'est-à-dire des lois scientifiques abstraites susceptibles de s'appliquer universellement.

Cette démarche tente tout d'abord de *décrire* la réalité puis, avec les lois scientifiques, tente de *prédire* l'évolution d'un observable étant donné des variations de facteurs analysés. L'idée étant que si l'on peut prédire, il deviendra possible de *contrôler*. De cette manière la science devrait pouvoir tout expliquer et ceci dans un système abstrait de théories logiques. Trop idéaliste par certains aspects, le positivisme a parfois conduit à des dérives que l'on qualifie de « scientisme ».

Même si les limites du positivisme logique ont été démontrées, cette manière causale et rationaliste de penser le monde continue à passer pour être scientifique. Elle a envahi le champ des sciences humaines, soucieuses de scientificité. Ses limites sont pourtant importantes. La principale critique consiste à dénoncer l'idée qu'il serait possible d'observer le monde sans préjugés ou sans filtres. Si un chercheur travaillait effectivement sans pré-connaissances, comment pourrait-il extraire parmi la masse de données celles qui s'organiseraient en une loi scientifique ? Il doit nécessairement s'appuyer sur un ensemble de connaissances, mêmes limitées, pour pouvoir organiser son observation. Les connaissances ne surgissent pas de nulle part, elles évoluent en fonction d'une confrontation entre le déjà connu et l'inconnu. En vérité, la supposée neutralité de l'observateur n'est pas possible ni souhaitable pour que la science puisse évoluer.

À l'examen, le critère d'objectivité des positivistes se révèle être une pure idéologie. Celle-ci est particulièrement flagrante lorsqu'il s'agit d'étudier le psychisme (et plus largement les sciences humaines) puisqu'il n'est pas possible de s'observer sans que n'intervienne des connaissances, conscientes et inconscientes.

De l'ipsé et de l'ipséité

L'*ipsé* reprend un mot latin[118] signifiant « même, en personne ; lui-même, elle-même » et par extension « en soi, par soi, de soi-même », formé de *i(s)*-nominatif (adjectif, pronom de renvoi) et de la particule de renforcement - pse. *Ipse* avait abouti en ancien français à *eps,* « même ». Le mot est quelquefois employé en français pour désigner l'être pensant en tant que lui-même. *Ipséité,* extrêmement rare avant son réemploi en phénoménologie (1943, Sartre), désigne le caractère de l'être conscient, qui est lui-même, réductible à nul autre.

---

[118] Dictionnaire historique de la langue française, *Le Robert*.

Bibliographie

ABRAHAM Nicolas et TOROK Maria (1987), *L'écorce et le noyau*, Flammarion, Paris.

ABRAHAM Nicolas (1999), *Rythmes ; de la philosophie, de la psychanalyse, de la poésie,* Aubier, Paris.

ALVES-PERIE Élisabeth (2015) « Les Van Gogh : des gens très bien », dans *Le transgénérationnel dans la vie des célébrités,* ouvrage collectif, Ecodition, Genève.

AUSLOOS Guy (1980), « Œdipe et sa famille, ou les secrets sont faits pour être agis » dans *Dialogue*, n°70, AFCCC, Paris.

BALIER Claude (1996), *Psychanalyse des comportements sexuels violents*, PUF, Paris.

BETTELHEIM Bruno (1976), *Psychanalyse des contes de fées*, Robert Laffont, Paris.

BINSWANGER Ludwig (1955-1957), *Analyse existentielle et psychanalyse freudienne*, Gallimard, 1970, Paris.

BLAKE William, *Le mariage du ciel et de l'enfer*, 1989, Corti, Paris.

CANAULT Nina (1998), *Comment paye-t-on les fautes de ses ancêtres*, Desclée de Brouwer, Paris.

CARFANTAN Carfantan (2004) *Philosophie et spiritualité,* leçon 112, dualité et non dualité, [sergecar.perso.neuf.fr]

CLAVIER Bruno (2013), *Les fantômes familiaux*, Payot, Paris.

CORNIOU Marine, « Nos états d'âmes modifient notre ADN », *Sciences et Vie,* 1110 (03/2010), Paris.

DEVEREUX Georges (1977), *Essais d'ethnopsychiatrie générale*, Gallimard, Paris.
DUMAS Didier (2000), *Et l'enfant créa le père*, Hachette Littérature, Paris.
DUMAS Didier (2001), *La Bible et ses fantômes*, Desclée de Brouwer, Paris.
FEDIDA Pierre (1970), « Binswanger et l'impossibilité de conclure », préface à *Ludwig Binswanger, analyse existentielle et psychanalyse freudienne*, Gallimard, Paris.
FERENCZI Sándor (1908), « Transfert et introjection », dans *Psychanalyse I*, Payot, Paris, (1968).
FRAIBERG Selma (1999), *Fantômes dans la chambre d'enfants*, PUF, Paris.
FREUD Sigmund, (1981), « Le moi et le ça », dans *Essais de psychanalyse*, Payot, Paris.
FREUD Sigmund (1923), *Totem et tabou*, Payot, Paris, (1965).
FREUD Sigmund (1939), *Moïse et le monothéisme*, Gallimard, (1948), Paris, p.134.
FREUD Sigmund (1966), *Cinq leçons sur la psychanalyse*, Payot, Paris.
FREUD Sigmund (1971), *Malaise dans la civilisation*, PUF, Paris.
FREUD Sigmund (1992), « Le clivage du moi dans le processus de défense », dans *Résultats, idées, problèmes*, PUF, Paris.
GAILLARD Thierry (2012), *L'autre Œdipe, De Freud à Sophocle*, Écodition, Genève.
GAILLARD Thierry (2013), *Sophocle thérapeute, la guérison d'Œdipe à Colone,* Écodition, Genève.

GAILLARD Thierry (2014), *La renaissance d'Œdipe, perspectives traditionnelles et transgénérationnelles,* Écodition, Genève.

GAILLARD Thierry (2014), *L'intégration transgénérationnelle, Aliénation et connaissance de soi*, Écodition, Genève.

GAILLARD Thierry (2014), *Exemples d'intégration transgénérationnelle*, ouvrage collectif, Écodition, Genève.

GAILLARD Thierry (2015), *Le transgénérationnel dans la vie des célébrités*, ouvrage collectif, Écodition, Genève.

GAILLARD Thierry (2016), *Chamanisme, rapport aux ancêtres et intégration transgénérationnelle*, ouvrage collectif, Écodition, Genève.

HEIDEGGER Martin (1927), *Être et Temps*, Gallimard, Paris.

HELLINGER Bert (2010), *Á la découverte des constellations familiales*, Jouvence, Bernex-Genève.

HOROWITZ Elisabeth (2015), « Les secrets de famille de Jack Nicholson », dans *Le transgénérationnel dans la vie des célébrités*, ouvrage collectif, Ecodition, Genève.

HUMBERT Jean (1847), *Mythologie grecque et romaine*, Duprat, Paris.

JUNG Carl Gustav, *Dialectique du Moi et de l'inconscient,* Gallimard (1964), Paris.

JUNG Carl Gustav, (1991), *Ma vie, souvenirs, rêves et pensées*, Gallimard, Paris.

JUNG Carl Gustav, *L'âme et le Soi, renaissance et individuation*, Albin Michel (1990), Paris.

MEAUTIS Georges (1957), *Sophocle, essai sur le héros tragique*, Albin Michel, Paris.

MIJOLLA de Alain (1981), *Les visiteurs du moi*, Les Belles Lettres, Paris.

MOREL Denise (2015), *Porter un talent, porter un symptôme, les familles créatrices*, Ecodition, Genève.

MOREL Denise (2015), « Les fantômes de la famille Perrault », dans *Le transgénérationnel dans la vie des célébrités*, ouvrage collectif, Ecodition, Genève.

NACHIN Claude (2001), « Unité duelle, crypte et fantôme » dans *La psychanalyse avec Nicolas Abraham et Maria Torok*, sous la direction de J.-C. Rouchy, Érès, Paris.

NAOURI Aldo (1985), *Une place pour le père*, Seuil, Paris.

RAMAUT Pierre (2016), « La psychanalyse transgénérationnelle et le chamanisme pour guérir des fantômes », dans *Chamanisme, rapport aux ancêtres et intégration transgénérationnelle*, Editions Ecodition, Genève.

RAND NICOLAS, (2001). Quelle psychanalyse pour demain ? Voies ouvertes par Nicolas Abraham et Maria Torok, Erès, Ramonville Sainte Anne.

REFABERT Philippe, GARNER Georg, DUBARRY Claude et MELESE Lucien (1997), *Les Travaux d'Œdipe,* L'Harmattan, Paris.

RESWEBER Jean-Paul (1996), *Le transfert : enjeux cliniques, pédagogiques et culturels,* l'Harmattan, Paris.

RICHARD Michel (1998), *Les courants de la psychologie*, Chroniques Sociales, Lyon.

ROUCHY Jean-Claude (2001), *La psychanalyse avec Nicolas Abraham et Maria Torok*, Erès, Paris.

SCHÜTZENBERGER Anne-Ancelin (1998), *Aïe mes aïeux !* Desclée de Brouwer, Paris.
SELLAM Salomon (2007), *Le syndrome du gisant*, Bérangel, Saint-André-de-Sagonis.
SICHROVSKY Peter (1987), *Naître coupable, naître victime*, Maren Sell, Paris.
SOPHOCLE (1973), *Tragédies*, Gallimard, Paris.
TISSERON Serge (1995), *Le psychisme à l'épreuve des générations : clinique du fantôme*, Dunod, Paris.
TISSERON Serge (1992), *Tintin et les secrets de famille*, Aubier, Paris.
TOLLÉ Eckhart ((1999), *Le pouvoir du moment présent*, Edition j'ai lu, Paris.
TOROK Maria (2002), *Une vie avec la psychanalyse ; inédits et introuvables, présentés par Nicholas Rand*, Aubier, Paris.
VERNANT Jean-Pierre et VIDAL-NAQUET Pierre (1994), *Œdipe et ses mythes*, Complexe, Bruxelles.
WATTS Alan (1966), *Le livre de la sagesse*, Denoël, Paris.

Du même auteur

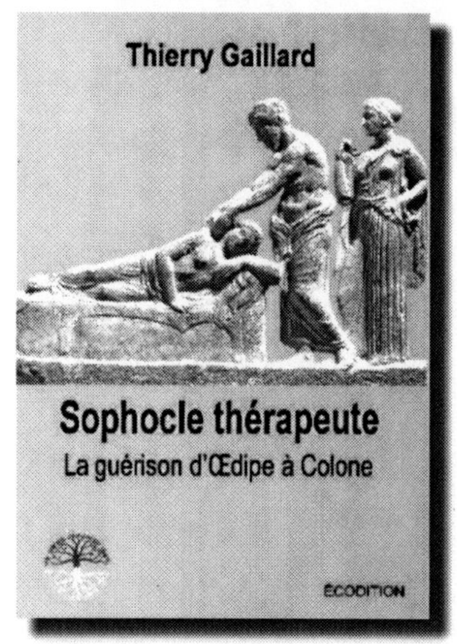

Commandez les ouvrages d'ECODITION directement chez l'imprimeur www.lulu.com (FR, BE, CH, CA, etc.)

Ouvrages collectifs

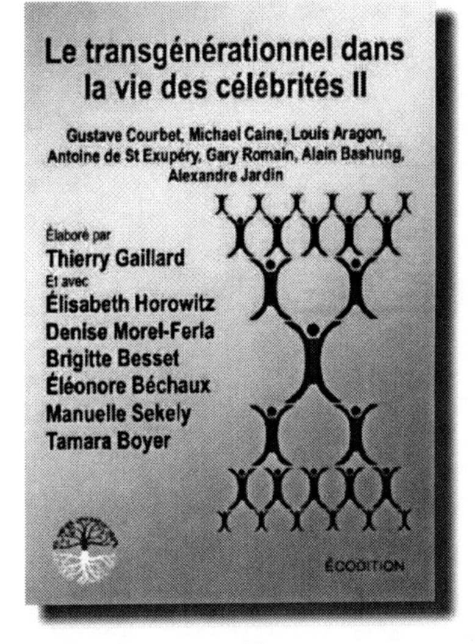

Commandez les ouvrages d'ECODITION directement chez l'imprimeur www.lulu.com (FR, BE, CH, CA, etc.)